김준헌 · 왕혜경 공저

4
Step

완전 성공 중국어 Step 4

초판발행	2014년 11월 10일
1판 2쇄	2022년 2월 25일
저자	김준헌, 왕혜경
책임 편집	최미진, 가석빈, 엄수연, 高霞
펴낸이	엄태상
디자인	김지연
콘텐츠 제작	김선웅, 김현이, 유일환
마케팅	이승욱, 왕성석, 노원준, 조인선, 조성민
경영기획	마정인, 조성근, 최성훈, 정다운, 김다미, 오희연
물류	정종진, 윤덕현, 양희은, 신승진
펴낸곳	시사중국어사(시사북스)
주소	서울시 종로구 자하문로 300 시사빌딩
주문 및 교재 문의	1588-1582
팩스	0502-989-9592
홈페이지	http://www.sisabooks.com
이메일	book_chinese@sisadream.com
등록일자	1988년 2월 13일
등록번호	제1 - 657호

ISBN 978-89-7364-689-0 14720
　　　978-89-7364-690-6(set)

* 이 책의 내용을 사전 허가 없이 전재하거나 복제할 경우 법적인 제재를 받게 됨을 알려 드립니다.
* 잘못된 책은 구입하신 서점에서 교환해 드립니다.
* 정가는 표지에 표시되어 있습니다.

머리말

중국어는 배우기 어렵다고 말하는 사람들이 있습니다. 틀린 말은 아니라고 생각합니다. 성조언어라는 중국어의 특성, 어렵게만 보이는 한자를 표기수단으로 삼는다는 점, 어순이 한국어와 다르다는 점 등, 여러 가지 요인으로 인하여 한국 사람들에게는 더욱 그렇게 느껴지는 것일지도 모릅니다. 그렇지만 훌륭한 선생님과 좋은 교과서를 가지고 열심히 그리고 꾸준히 공부한다면, 중국어만큼 마스터하기 쉬운 언어도 없습니다. 문제는 얼마나 많은 시간과 정열을 중국어에 투자할 수 있느냐입니다만.

저희들은 다른 중국어 교과서에서 채용한 적이 없는 다양한 새로운 시도를 통하여 학습자들이 중국어를 좀 더 효과적으로 습득할 수 있도록, 3년이 넘는 긴 시간을 이 교과서 시리즈 제작에 매달려왔습니다. 교과서는 한국인 남학생과 중국인 여학생의 만남, 성장, 졸업, 사회 진출을 다루게 되며, 두 사람의 가족과 친구들까지도 교과서의 내용 전개에 큰 역할을 하게 됩니다.

각 교과서의 내용 전개와 문법 배치, 연습문제와 신HSK 시험과의 연계성 강화, 사용 단어의 난이도, 단계별 단어 개수 등은 모두 저자 두 사람이 학습자의 학습효과를 진지하게 고민하고 토의하여 결정하였습니다. 이 책으로 적어도 주 2회 2시간 이상 중국어를 꾸준히 공부해 보세요. 반드시 여러분이 원하는 결과를 얻게 될 것입니다.

'멈추어 있지 말라, 느리더라도 전진하는 것이 중요하다(不怕慢, 只怕站)'라는 중국 속담이 있습니다. 외국어 공부에 이보다 더 적합한 좌우명은 없지 않을까요!

왕혜경, 김준헌

이 책의 활용법

학습목표
각 과의 시작 부분에 무엇을 배울 것인지를 제시하였다.

단어
본문에 나오는 새로운 단어를 본문에 나온 순서대로 정리하였고, 각 과당 적절한 학습량으로 조절하였다.

틀리기 쉬운 표현
한국어와 중국어 중에서 의미는 같지만, 다르게 표현하는 어휘를 알기 쉽게 설명해 놓았다.

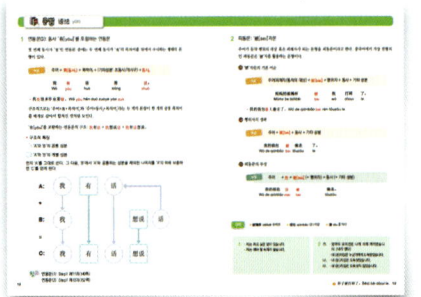

문법
본문에 나오는 주요 문법을 최대한 간단명료하게 설명하였고, 이미 학습한 단어나 평이한 어휘만으로 예문을 만들어 학습자들이 쉽게 이해할 수 있도록 하였다.

본문 ❶
아주 쉽고 기본적인 실용회화를 바탕으로 본문 내용이 하나의 스토리로 전개되어 학습자들이 재미있고 쉽게 이해할 수 있도록 하였다. 보충 설명이 필요한 부분은 TIP을 통해 설명해 놓았다.

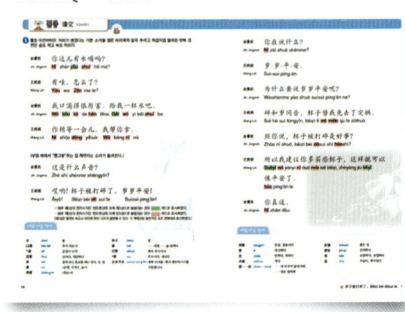

본문 ❷
본문 ❶에서 배운 내용을 일기 형식으로 정리하여 산문과 원고지 쓰는 방법을 함께 익힐 수 있도록 하였다.

문형연습
중요한 문형은 문형연습을 통해 확실하게 익힐 수 있다. 주어진 단어로 바꾸어 연습하면서 자연스럽게 단어까지 익힐 수 있어서 학습하는데 큰 도움이 된다.

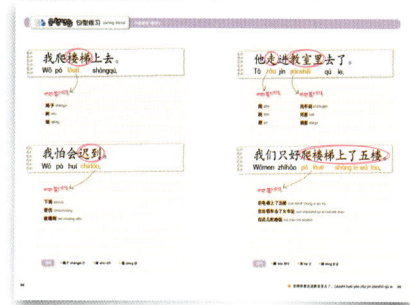

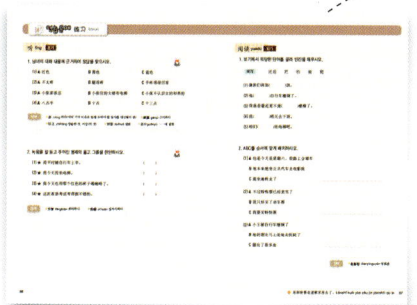

연습문제
앞에서 학습한 내용을 듣기, 읽기, 말하기, 쓰기로 나누어 복습할 수 있도록 하였다. 신HSK 시험과 동일한 문제 유형으로 출제하여 HSK 공부에 도움이 되도록 하였다. 특히 학습자들이 많이 어려워하는 중국어 듣기를 충분히 연습할 수 있도록 고심하여 만들었다.

중국 문화
사진과 간단한 설명을 통해 중국의 문화를 알아가고, 중국을 더 깊이 이해하는데 도움이 되도록 하였다.

워크북
각 과에서 학습한 내용을 충실히 연습할 수 있도록 다양한 내용으로 구성하였다. 특히 다양하고 특별한 듣기 연습 문제로 듣기 실력 향상에 도움이 되도록 하였다.

차례

머리말 3
이 책의 활용법 4
양사(동량사) 8

第一课 杯子被打碎了。
Bēizi bèi dǎsuì le. 9
컵이 깨졌습니다.

第二课 老师快要走进教室里去了。
Lǎoshī kuài yào zǒu jìn jiàoshìli qù le. 25
선생님께서 교실로 들어가려고 하십니다.

第三课 你把写好的简历拿给我看看。
Nǐ bǎ xiě hǎo de jiǎnlì ná gěi wǒ kànkan. 41
다 쓴 이력서를 저에게 좀 보여 주세요.

第四课 虽然离学校远，但是租金比学校附近的便宜一些。
Suīrán lí xuéxiào yuǎn, dànshì zūjīn bǐ xuéxiào fùjìn de piányi yìxiē. 57
비록 학교에서 좀 멀기는 하지만, 집세는 학교 근처에 비해서 좀 더 쌉니다.

第五课 大门、窗户怎么都开着呢？
Dàmén, chuānghu zěnme dōu kāizhe ne? 73
대문이랑 창문이 왜 다 열려 있는 겁니까?

第六课 전반부 총복습 89

第七课 孩子哭着哭着就睡着了。
Háizi kūzhe kūzhe jiù shuìzháo le. 99
아이가 울다울다 잠이 들었습니다.

第八课 只有多练习才能学好。
Zhǐyǒu duō liànxí cái néng xuéhǎo. 115
그저 많이 연습해야 마스터할 수 있습니다.

第九课 给老人祝寿不能送钟。
Gěi lǎorén zhùshòu bù néng sòng zhōng. 131
노인에게 생신 선물로 괘종시계를 선물하지 않습니다.

第十课 你别拍我马屁了。
Nǐ bié pāi wǒ mǎpì le. 147
저한테 너무 아부하지 마세요.

第十一课 他连理都不理你。
Tā lián lǐ dōu bù lǐ nǐ. 165
그 사람은 당신을 거들떠도 보지 않습니다.

第十二课 후반부 총복습 179

듣기원문 및 연습문제 정답 188
본문해석 199
병음색인 204
단어색인 212

양사 (동량사): 동사의 뒤에서 동작의 횟수를 세는 양사.

1	次 cì	번, 차례	가장 널리 쓰이는 대표적인 동량사	我去过三次北京。
2	遍 biàn	번	어떤 동작의 처음부터 끝까지를 하나의 단위로 삼는다.	请再说一遍。
3	顿 dùn	끼, 차례	충고, 꾸중, 식사 따위의 횟수를 센다.	一天吃三顿饭。
4	趟 tàng	번, 차례	어떤 지점까지 왕복한 횟수를 센다.	我想去北京一趟。 她去了一趟上海。
5	下 xià	잠깐, 번	'종을 치는 동작'과 같이 짧은 시간 내에 끝나는 동작의 횟수를 센다. 다른 숫자와 함께 쓰이기도 하지만, 주로 '一下'의 형태로 쓰여서 동사의 동작을 '시험 삼아(가볍게) 한 번 해보다'는 뜻을 나타내기도 한다.	刚才挂钟打了九下。 请等一下。
6	回 huí	회, 번	주로 반복되는 동작의 횟수를 센다.	每天给妈妈打一回电话。

양사 (차용 동량사): 원래는 품사가 다르지만, 임시로 동량사로 쓰이는 단어. 주로 '신체의 일부'를 뜻하는 단어가 차용 동량사로 차출되는 경향이 있다.

1	声 shēng	목소리 혹은 일반적인 소리의 횟수를 센다.	妈妈喊了几声。
2	脚 jiǎo	발을 사용하는 동작의 횟수를 센다.	她踢了我一脚。
3	口 kǒu	입을 사용하는 동작의 횟수를 센다.	狗咬了我一口。
4	眼 yǎn	눈을 사용하는 동작의 횟수를 센다.	我看了她一眼

第一课

杯子被打碎了。
Bēizi bèi dǎsuì le.

학습목표

연동문(3) – 동사 '有[yǒu]'를 포함하는 연동문
你这儿有水喝吗? Nǐ zhèr yǒu shuǐ hē ma?

피동문 – '被[bèi]'자문
杯子被打碎了。Bēizi bèi dǎsuì le.

'照[zhào]……说[shuō]/看[kàn]'의 용법
照你说 zhào nǐ shuō

겸어문(2) – 비전형적인 사역문
我建议你多买些杯子。Wǒ jiànyì nǐ duō mǎi xiē bēizi.

신체부위 명사의 장소화(2)
心里 xīnli

단어 生词 shēngcí

- □□ 01 水 shuǐ 명 물
- □□ 02 口渴 kǒu kě 목이 마르다

  *渴 kě 형 갈증이 나다

- □□ 03 厉害 lìhai 형 심하다, 대단하다
- □□ 04 杯 bēi 양 컵에 담긴 음료를 세는 양사. 잔, 컵
- □□ 05 拿 ná 동 (손에) 가지다, 들다
- □□ 06 声音 shēngyīn 명 (목)소리
- □□ 07 杯子 bēizi 명 컵
- □□ 08 被 bèi 개 동 ……에게 ……을 당하다
- □□ 09 打碎 dǎsuì 동 깨져 부서지다

  *碎 suì 동 부서지다, 깨지다

- □□ 10 岁岁平安 suìsuì píng'ān 성 새해 인사말, 매년 평안하시기를 기원합니다
- □□ 11 同音 tóngyīn 명 동음; 동 동음이다
- □□ 12 替 tì 동 대신하다
- □□ 13 免 miǎn 동 면하다, 피하다
- □□ 14 灾祸 zāihuò 명 재앙
- □□ 15 照……说 zhào……shuō 부 ……에 비추어 말하자면, ……대로 말하면
- □□ 16 好事 hǎoshì 명 좋은 일

☐☐ 17	建议	jiànyì	동	건의하다	
☐☐ 18	保	bǎo	동	보증하다, 보장하다	
☐☐ 19	逗	dòu	형	우습다, 재미있다	
☐☐ 20	认为	rènwéi	동	……라고 여기다	
☐☐ 21	吉利	jílì	형	길하다, 상서롭다	
☐☐ 22	心里	xīnli	명	마음속	
☐☐ 23	担心	dān//xīn	동	걱정하다	

틀리기 쉬운 표현

한 音聲 음성, 목소리 **중** 声音 shēngyīn (목)소리

'声音'은 단순히 한국어의 '음성'을 뒤집어 놓았을 뿐 의미적으로는 차이가 없을 것처럼 보이겠지만, 실제로는 중국어 '声音'의 의미 영역이 한국어 '음성'보다 더 넓다. 한국어의 '음성'이 주로 사람의 목소리에 한정해서 쓰이는데 반하여, 중국어의 '声音'은 사람의 목소리뿐만 아니라 동물의 울음소리나 기타 기계음, 무의미한 소음 등 각종 소리를 모두 나타낼 수 있기 때문이다.

人民的声音 rénmín de shēngyīn 인민의 목소리

脚步的声音 jiǎobù de shēngyīn 발걸음 소리

电视的声音 diàshì de shēngyīn 텔레비전(에서 나는) 소리

❶ 杯子被打碎了。Bēizi bèi dǎsuì le.

문법 语法 yǔfǎ

1 연동문(3) – 동사 '有[yǒu]'를 포함하는 연동문

첫 번째 동사가 '有[yǒu]'인 연동문 중에는 두 번째 동사가 '有[yǒu]'의 목적어를 뒤에서 수식하는 형태의 문형이 있다.

> **어순** 주어 + 有(동사₁) + 목적어₁ + (기타성분: 조동사/개사구) + 동사₂

我　　有　　话　　　想　　　　说。
Wǒ　yǒu　huà　　xiǎng　　　shuō.

- 我有很多作业要做。Wǒ yǒu hěn duō zuòyè yào zuò.

구조적으로는 '주어+有+목적어₁'과 '주어+동사₂+목적어₁'이라는 두 개의 문장이 한 개의 공통 목적어를 매개로 삼아서 합쳐진 것처럼 보인다.

'有[yǒu]'를 포함하는 연동문의 구조: 我有话 + 我想说话 = 我有话想说。

* 구조적 특징

◯ : 'A'와 'B'의 공통 성분

▢ : 'A'와 'B'의 개별 성분

먼저 'A'를 그대로 쓴다. 그 다음, 'B'에서 'A'와 공통되는 성분을 제외한 나머지를 'A'의 뒤에 보충하면 'C'를 얻게 된다.

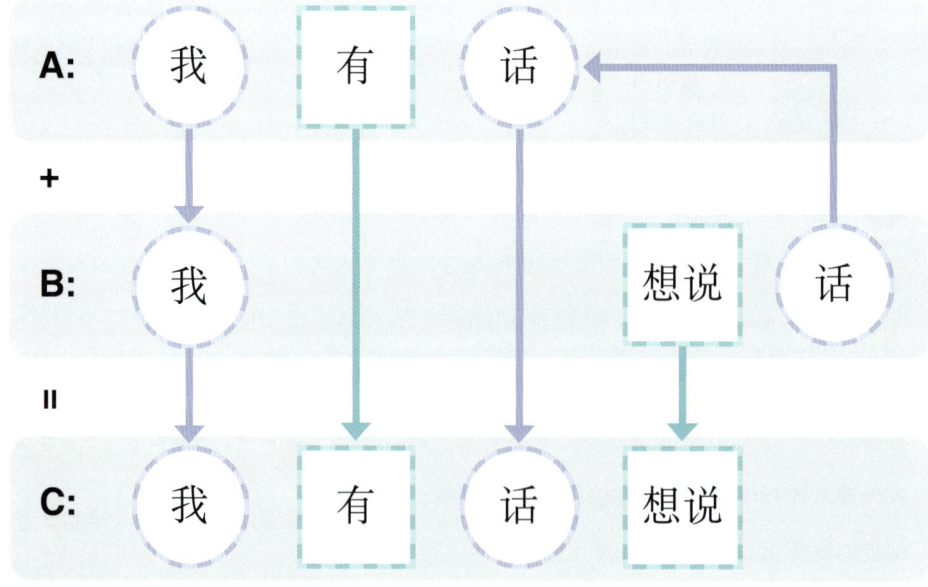

참고 연동문(1): Step1 제11과(140쪽)
연동문(2): Step1 제12과(152쪽)

2 피동문 - '被[bèi]'자문

주어가 동작 행위의 대상 혹은 피해자가 되는 문형을 피동문이라고 한다. 중국어에서 가장 전형적인 피동문은 '被[bèi]'자를 활용하는 문형이다.

가 '被'자문의 기본 어순

| 어순 | 주어(피해자/동작의 대상) + 被[bèi] + 행위자 + 동사 + 기타 성분 |

妈妈的玻璃杯　　　　被　　　我　　　打碎　　　了。
Māma de bōlibēi　　　bèi　　wǒ　　　dǎsuì　　le.

· 我的钱包被人偷走了。Wǒ de qiánbāo bèi rén tōuzǒu le.

나 행위자의 생략

| 어순 | 주어 + 被[bèi] + 동사 + 기타 성분 |

我的钱包　　　被　　偷走　　　了。
Wǒ de qiánbāo　bèi　tōuzǒu　　le.

다 피동문의 부정

| 부정 | 주어 + 没 + 被[bèi] (+ 행위자) + 동사 (+ 기타 성분) |

我的钱包　　　没　　被　　　　偷走。
Wǒ de qiánbāo　méi　bèi　　　tōuzǒu.

단어 □ 玻璃杯 bōlibēi 유리잔　□ 钱包 qiánbāo (돈)지갑　□ 偷 tōu 훔치다

---

1 · 저는 하고 싶은 말이 있습니다.
　 · 저는 해야 할 숙제가 많습니다.

2 가. · 엄마의 유리잔은 나에 의해 깨어졌습니다. (내가 깼다)
　　　· 내 (돈)지갑은 누군가에게 도둑맞았습니다.
　 나. · 내 (돈)지갑은 도둑맞았습니다.
　 다. · 내 (돈)지갑은 도둑맞지 않았습니다.

❶ 杯子被打碎了。Bēizi bèi dǎsuì le.

3 '照[zhào]……说[shuō]/看[kàn]'의 용법

동사 '照[zhào]'는 '……에 비추어 보면', '……대로'라는 뜻으로, 뒤에 사람을 뜻하는 (대)명사가 오면 '누구의 견해/관점에 비추어 보면'이라는 뜻을 나타낸다.

> **어순** 照[zhào] + 사람 + 说[shuō]/看[kàn]

- 照你说，他为人不太好。Zhào nǐ shuō, tā wéirén bú tài hǎo.
- 照我看，她妹妹真漂亮。Zhào wǒ kàn, tā mèimei zhēn piàoliang.

4 겸어문(2) – 비전형적인 사역문

일반적으로 사역문은 겸어문의 어순을 취한다. 그렇지만 첫 번째 동사가 전형적인 사역동사('让[ràng]', '叫[jiào]', '使[shǐ]')가 아니더라도 의미적으로 사역의 뉘앙스(……에게 ……하도록 ……하다)를 가지고 있다면 겸어문을 구성할 수 있다. '建议[jiànyì]', '要求[yāoqiú]', '劝[quàn]', '命令[mìnglìng]' 등이 바로 이런 종류의 동사들이다.

- 我建议你多走走。Wǒ jiànyì nǐ duō zǒuzou.
- 公司要求我去中国出差。Gōngsī yāoqiú wǒ qù Zhōngguó chū chāi.
- 我劝你戒烟。Wǒ quàn nǐ jiè yān.
- 他命令我叫他"哥哥"。Tā mìnglìng wǒ jiào tā "gēge".

> **참고** 겸어문(1): Step3 제5과(74쪽)

5 신체 부위 명사의 장소화(2)

신체 부위 명사를 장소화하는 방법은 신체 부위 명사의 뒤에 '里[li]' 혹은 '上[shang]'을 붙이는 두 가지 방법이 있다. '里[li]'는 어떤 장소의 '안' 혹은 '속', '上[shang]'은 '표면'을 뜻하기 때문에 신체 부위에 따라서 그 의미도 미묘하게 달라진다.

嘴里 zuǐ li 입안 　　嘴上 zuǐ shang 입 주변
手里 shǒu li 손안　　手上 shǒu shang 손(바닥) 위

> **단어**
> ▫ 为人 wéirén 사람 됨됨이, 인품　　▫ 公司 gōngsī 회사　　▫ 要求 yāoqiú 요구하다
> ▫ 出差 chū//chāi 출장 가다　　▫ 劝 quàn 권하다　　▫ 戒烟 jiè//yān 금연하다
> ▫ 命令 mìnglìng 명령하다

그러나 '心[xīn]'(마음)'은 좀 특수해서 인간의 '생각'이나 '감정'을 관장하는 기관으로 인식할 때는 '心里[xīnli]', 어떤 기억을 담아두는 '장소'로 인식할 때는 '心上[xīnshang]'을 사용하는 경향이 있는데, 그 경계가 애매할 때는 서로 바꾸어 쓰기도 한다.

- 这件事，你不要放在心上。('心上'을 '心里'로 바꿀 수 있다.)
  Zhè jiàn shì, nǐ búyào fàng zài xīnshang.
- 心里真难受。Xīnli zhēn nánshòu. ('心里'를 '心上'으로 바꿀 수 없다.)

참고 명사의 장소화(1): Step3 제2과(28쪽)
명사의 장소화(2): Step3 제3과(42쪽)

단어
- 难受 nánshòu 괴롭다, 힘들다

3.
- 당신 말 대로라면, 그는 사람 됨됨이가 그다지 좋지 않군요.
- 내가 보기에 그녀의 여동생은 정말 아름답습니다.

4.
- 저는 당신에게 좀 많이 걸어다녀보라고 건의합니다.
- 회사는 나에게 중국으로 출장을 가라고 요구합니다.
- 나는 당신에게 금연할 것을 권합니다.
- 그는 나에게 자신을 "형"으로 부르라고 명령합니다.

5.
- 이 일은 마음에 두지 마세요.
- 마음이 무척 괴롭습니다.

❶ 杯子被打碎了。Bēizi bèi dǎsuì le.

본문 课文 kèwén

1 좋은 아르바이트 자리가 생겼다는 기쁜 소식을 얼른 리리에게 알려 주려고 허겁지겁 달려온 탓에 경민은 숨도 차고 목도 마르다.

金景民　你这儿有水喝吗?
Jīn Jǐngmín　Nǐ zhèr yǒu shuǐ hē ma?

王莉莉　有哇。怎么了?
Wáng Lìli　Yǒu wa. Zěnme le?

金景民　我口渴得很厉害。给我一杯水吧。
Jīn Jǐngmín　Wǒ kǒu kě de hěn lìhai. Gěi wǒ yì bēi shuǐ ba.

王莉莉　你稍等一会儿。我帮你拿。
Wáng Lìli　Nǐ shāo děng yíhuìr. Wǒ bāng nǐ ná.

(부엌 쪽에서 "쨍그랑"하는 컵 깨어지는 소리가 들려온다.)

金景民　这是什么声音?
Jīn Jǐngmín　Zhè shì shénme shēngyīn?

王莉莉　哎哟! 杯子被打碎了。岁岁平安!
Wáng Lìli　Āiyō! Bēizi bèi dǎ suì le. Suìsuì píng'ān!

　＊:원래 제3성의 한자이지만 변조현상에 의해 제2성으로 발음되는 경우 █ 색으로 표시하였다.
　＊:원래 제3성의 한자이지만 변조현상에 의해 반3성으로 발음되는 경우 █ 색으로 표시하였다.
　(제3성은 말하는 속도나 의미에 따라 다르게 발음될 수 있다. 이 책에서는 일반적인 성조 변화대로 표시하였다.)

새로 나온 단어

水	shuǐ	물	杯子	bēizi	컵
口渴	kǒu kě	목이 마르다	被	bèi	……에게 ……을 당하다
*渴	kě	갈증이 나다	打碎	dǎsuì	깨져 부서지다
厉害	lìhai	심하다, 대단하다	*碎	suì	부서지다, 깨지다
杯	bēi	컵에 담긴 음료를 세는 양사. 잔, 컵	岁岁平安	suìsuì píng'ān	새해 인사말, 매년 평안하시기를 기원합니다.
拿	ná	(손에) 가지다, 들다			
声音	shēngyīn	(목)소리			

金景民 Jīn Jǐngmín	你在说什么？ Nǐ zài shuō shénme?	

王莉莉 Wáng Lìli	岁-岁-平-安。 Suì-suì-píng-ān.	

金景民 Jīn Jǐngmín	为什么要说岁岁平安呢？ Wèishénme yào shuō suìsuì píng'ān ne?	

王莉莉 Wáng Lìli	碎和岁同音，杯子替我免去了灾祸。 Suì hé suì tóngyīn, bēizi tì wǒ miǎn qù le zāihuò.	

金景民 Jīn Jǐngmín	照你说，杯子被打碎是好事？ Zhào nǐ shuō, bēizi bèi dǎsuì shì hǎoshì?	

王莉莉 Wáng Lìli	所以我建议你多买些杯子，这样就可以保平安了。 Suǒyǐ wǒ jiànyì nǐ duō mǎi xiē bēizi, zhèyàng jiù kěyǐ bǎo píng'ān le.	

金景民 Jīn Jǐngmín	你真逗。 Nǐ zhēn dòu.	

새로 나온 단어

同音	tóngyīn	동음; 동음이다
替	tì	대신하다
免	miǎn	면하다, 피하다
灾祸	zāihuò	재앙
照……说	zhào……shuō	……에 비추어 말하자면, ……대로 말하면
好事	hǎoshì	좋은 일
建议	jiànyì	건의하다
保	bǎo	보증하다, 보장하다
逗	dòu	우습다, 재미있다

❷ 日记 Rìjì

| 日期 Rìqī | 三月十五日 星期六 sānyuè shíwǔ rì xīngqīliù | 天气 Tiānqì | 阴 yīn |

　　今天莉莉打碎了一个杯子。韩国人认为杯子被打碎不吉利，所以我心里有点儿担心。但是莉莉告诉我杯子替她免去了灾祸。她还建议我多买些杯子，这样就可以保平安了。

Jīntiān Lìli dǎsuì le yí ge bēizi. Hánguórén rènwéi bēizi bèi dǎsuì bù jílì, suǒyǐ wǒ xīnli yǒudiǎnr dānxīn. Dànshì Lìli gàosu wǒ bēizi tì tā miǎnqù le zāihuò. Tā hái jiànyì wǒ duō mǎi xiē bēizi, zhèyàng jiù kěyǐ bǎo píng'ān le.

새로 나온 단어

| 认为 | rènwéi | ……라고 여기다 | 心里 | xīnli | 마음속 |
| 吉利 | jílì | 길하다, 상서롭다 | 担心 | dān//xīn | 걱정하다 |

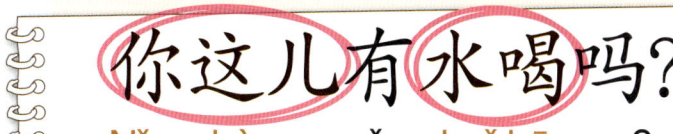 

你这儿有水喝吗?
Nǐ zhèr yǒu shuǐ hē ma?

바꿔 봅시다!

你那儿 nǐ nàr
他们 tāmen
他家 tā jiā

바꿔 봅시다!

面包吃 miànbāo chī
衣服穿 yīfu chuān
书看 shū kàn

我口渴得很厉害。
Wǒ kǒu kě de hěn lìhai.

바꿔 봅시다!

他肚子饿 tā dùzi è
我妹妹眼睛疼 wǒ mèimei yǎnjing téng
这几天天气热 zhè jǐ tiān tiānqì rè

단어 □ 肚子 dùzi (인체의) 배

❶ 杯子被打碎了。Bēizi bèi dǎsuì le.

杯子被打碎了。
Bēizi bèi dǎsuì le.

> 바꿔 봅시다!

雨伞 yǔsǎn
那件事儿 nà jiàn shìr
那杯咖啡 nà bēi kāfēi

> 바꿔 봅시다!

弄丢 nòng diū
爸爸知道 bàba zhīdao
弟弟喝 dìdi hē

她建议我多买些杯子。
Tā jiànyì wǒ duō mǎi xiē bēizi.

> 바꿔 봅시다!

我们 wǒmen
他 tā
我 wǒ

> 바꿔 봅시다!

老师说慢一点儿 lǎoshī shuō màn yìdiǎnr
爸爸星期天一起去玩儿 bàba xīngqītiān yìqǐ qù wánr
他星期六别去天安门广场
tā xīngqīliù bié qù Tiān'ānmén guǎngchǎng

단어 □ 弄 nòng 하다(원래 써야 할 동사를 쓰기 불편하거나 곤란한 경우에 그 동사를 대신함)

연습문제 练习 liànxí

听 tīng 듣기

1. 남녀의 대화 내용에 근거하여 정답을 찾으시오.

　　(1) **A** 想去咖啡店　　　　**B** 想让男的去买一瓶水　　**C** 想喝咖啡

　　(2) **A** 男的的朋友的　　　**B** 女的的　　　　　　　　**C** 男的的

　　(3) **A** 话说得太快　　　　**B** 话说得太慢　　　　　　**C** 话说得太难

　　(4) **A** 东西便宜，应该多买一些　**B** 两个人吃不了很多　**C** 女的买的东西太少了

단어　□ 懂 dǒng 이해하다　　□ 慢 màn (속도가) 느리다

2. 녹음을 잘 듣고 주어진 명제의 옳고 그름을 판단하시오.

　　(1) ★ 小张要去北京。　　　　　　　　　　　　　(　　)

　　(2) ★ 我没有见到朋友。　　　　　　　　　　　　(　　)

　　(3) ★ 天气很冷，我想多穿点儿衣服。　　　　　　(　　)

　　(4) ★ 我家附近没有百货商场。　　　　　　　　　(　　)

阅读 yuèdú 읽기

1. 보기에서 적당한 단어를 골라 빈칸을 채우시오.

   보기   一会儿   得   些   被   有

   (1) 他口渴(　　)很厉害。

   (2) 杯子(　　)弟弟打碎了。

   (3) 请大家稍等(　　)。

   (4) 你别担心，他们那儿(　　)东西吃。

   (5) 请你多买(　　)水果吧。

   단어   □ 水果 shuǐguǒ 과일

2. ABC를 순서에 맞게 배치하시오.

   (1) A 而且也很漂亮

   　　B 我姐姐昨天穿的那条牛仔裤

   　　C 不但很便宜　　　　　　　　　_____

   (2) A 我对中国的饮食文化很感兴趣

   　　B 今天也打算去

   　　C 所以常去中国饭馆儿吃饭　　　_____

   (3) A 他那儿没有水喝

   　　B 你要是口渴的话

   　　C 就去买一瓶水喝吧　　　　　　_____

说 shuō 말하기

다음 질문에 답하시오.

(1) 你现在口渴不渴?

→ _____

(2) 你现在饿不饿?

→ _____

(3) 请说说，你最近有什么好事?

→ _____

写 xiě 쓰기

1. 주어진 단어를 중국어의 어순에 맞게 다시 배열하시오.

(1) 被 / 了 / 打碎 / 弟弟 / 那个杯子

→ _____

(2) 没有 / 喝 / 他家 / 水 / 里

→ _____

(3) 多 / 老师 / 汉语 / 我们 / 说 / 建议

→ _____

(4) 口 / 我 / 觉得 / 很 / 渴

→ _____

❶ 杯子被打碎了。Bēizi bèi dǎsuì le.

2. 다음을 중국어로 작문하시오.

   (1) 여기에 마실 물이 있습니까?

   → _____

   (2) 집에 먹을 밥이 있습니까?

   → _____

   (3) 저는 지금 목이 아주 심하게 마릅니다.

   → _____

   (4) 저는 지금 배가 아주 심하게 고픕니다.

   → _____

   (5) 선생님은 우리에게 중국어를 많이 말하라고 건의합니다.

   → _____

단어 □ 肚子 dùzi (인체의) 배

第二课

老师快要走进教室里去了。

Lǎoshī kuài yào zǒu jìn jiàoshì li qù le.

학습목표

결과보어 '倒[dǎo]'의 용법
昨天不小心在路上被自行车撞倒了。
Zuótiān bù xiǎoxīn zài lùshang bèi zìxíngchē zhuàng dǎo le.

동사 '怕[pà]'의 용법
我怕会迟到。Wǒ pà huì chídào.

양사 '把[bǎ]'의 용법
你再加把劲(儿)。Nǐ zài jiā bǎ jìn(r).

복합 방향보어의 용법
老师快要走进教室里去了。
Lǎoshī kuài yào zǒu jìn jiàoshìli qù le.

단어 生词 shēngcí

☐☐ 01	腿	tuǐ	명 다리
☐☐ 02	小心	xiǎoxīn	형 조심하다
☐☐ 03	自行车	zìxíngchē	명 자전거
☐☐ 04	撞倒	zhuàng dǎo	동 부딪쳐 넘어지다

*倒 dǎo 동 쓰러지다, 넘어지다

☐☐ 05	出血	chū//xiě	동 피가 나다
☐☐ 06	教室	jiàoshì	명 교실
☐☐ 07	楼	lóu	명 층
☐☐ 08	爬	pá	동 기다, 오르다
☐☐ 09	楼梯	lóutī	명 계단
☐☐ 10	电梯	diàntī	명 승강기, 엘리베이터
☐☐ 11	上去	shàngqù	동 올라가다
☐☐ 12	排队	pái//duì	동 줄을 서다
☐☐ 13	怕	pà	동 ……할까봐 걱정이다
☐☐ 14	加劲(儿)	jiā//jìn(r)	동 힘을 내다
☐☐ 15	把	bǎ	양 주로 나이, 힘, 땀 따위를 세는 양사
☐☐ 16	打气	dǎ//qì	동 격려하다, 응원하다
☐☐ 17	俩	liǎ	수량 두 사람, 두 개
☐☐ 18	动作	dòngzuò	명 동작
☐☐ 19	受伤	shòu//shāng	동 (사람이) 부상을 당하다, (물건에) 상처가 나다

문법 语法 yǔfǎ

1 결과보어 '倒[dǎo]'의 용법

동사 '倒[dǎo]'의 정확한 의미는 '쓰러져서 몸이 지면에 닿아 있는 상태가 되다'이다. 결과보어로 쓰이면 술어 동사의 작용으로 주어의 몸이 '倒[dǎo]'한 상태로 된다는 뜻을 나타낸다.

- 我不小心摔倒了。Wǒ bù xiǎoxīn shuāi dǎo le.
- 爷爷病倒了。Yéye bìng dǎo le.

2 동사 '怕[pà]'의 용법

'(무엇을) 두려워하다'라는 원래의 뜻에서 출발하여 '걱정하다', '신경쓰다'로 의미가 확장되었다. 확장된 의미로 쓰일 경우에는 뒤에 '형용사(구)', '동사(구)', '주술구'를 목적어로 취한다.

> **어순** 怕[pà] + 형용사(구)/동사(구)/주술구

가 원뜻(무섭다): 我非常怕狗。Wǒ fēicháng pà gǒu.

나 확장된 의미(걱정하다)

(1) 주술구: 他们怕我知道那件事。Tāmen pà wǒ zhīdao nà jiàn shì.

(2) 동사(구): 我怕明天早上起不来。Wǒ pà míngtiān zǎoshang qǐbulái.

(3) 형용사(구): 只要方向对了，我不怕远。Zhǐyào fāngxiàng duì le, wǒ bú pà yuǎn.

단어 □ 摔 shuāi (균형을 잃고) 쓰러지다   □ 方向 fāngxiàng 방향   □ 只要 zhǐyào ……하기만 하면

1
- 내가 부주의해서 넘어졌습니다.
- 할아버지는 병으로 쓰러지셨습니다.

2 가. 나는 개를 무척 무서워합니다.
　나. (1) 그들은 내가 그 일을 알까 봐 걱정합니다.
　　　(2) 나는 내일 아침 일어나지 못할까 봐 걱정입니다.
　　　(3) 방향이 맞기만 하다면, 나는 (거리가) 먼 것은 걱정하지 않습니다.

❷ 老师快要走进教室里去了。Lǎoshī kuài yào zǒu jìn jiàoshì li qù le.

3 양사 '把[bǎ]'의 용법

일반적으로 손잡이가 있는 물건을 세는 양사로 많이 쓰이지만, 그 이외에도 '힘', '나이', '돈', '땀' 등 주로 추상적인 개념과 결합하여 '상당히', '꽤'라는 뜻을 나타내기도 한다. 이러한 용법으로 쓰일 때에는 수사 '一[yī]'와만 결합하는 경향이 있다.

- 我们都一大把年纪了。Wǒmen dōu yí dà bǎ niánjì le.
- 每次看老人过马路，都让我捏一把汗。
  Měi cì kàn lǎorén guò mǎlù, dōu ràng wǒ niē yì bǎ hàn.

참고 一把刀 yì bǎ dāo 칼 한 자루   两把椅子 liǎng bǎ yǐzi 의자 두 개

4 복합 방향보어의 용법

단순 방향보어 'A'(来/去)와 'B'(上/下, 进/出, 回, 过, 起, 开)가 'B+A'의 형태로 결합하여 동사의 뒤에 쓰이면 동사의 동작 방향을 지시하는 복합 방향보어가 된다. 일반적으로 구체적인 방향을 표시하는 복합 방향보어는 동사와만 결합하고, 파생적인 의미로 쓰이는 복합 방향보어는 동사는 물론이고 형용사와도 결합할 수 있다.

	上[shàng]/下[xià]	进[jìn] / 出[chū]	回[huí]	过[guò]	开[kāi]	起[qǐ]
来[lái]	上来 / 下来	进来 / 出来	回来	过来	开来	起来
去[qù]	上去 / 下去	进去 / 出去	回去	过去	开去	X

가 복합 방향보어와 목적어의 위치

목적어가 일반적인 사물이라면 복합 방향보어의 사이('B'와 'A'의 중간) 혹은 복합 방향보어의 뒤('B+A'의 뒤) 어디에 두어도 괜찮다. 다만, 목적어가 장소를 뜻하는 명사라면 '반드시' 아래 (2)의 어순을 지켜야 한다.

단어 □年纪 niánjì 나이, 연령   □马路 mǎlù 도로, 큰 길   □捏 niē (손으로) 쥐다   □汗 hàn 땀

(1) 일반적인 어순: '어순₁'과 '어순₂'의 어느 쪽을 선택해도 틀리지 않지만, 동작이 이미 실현된 상태에서는 '어순₂'를 선택하는 경향이 어느 정도 있다.

| 어순₁ | 주어 + 동사 + 단순방향보어(B) + 목적어 + 단순방향보어(A) |

我朋友 买　　回　　一本汉语小说　　来。
Wǒ péngyou mǎi　huí　yì běn Hànyǔ xiǎoshuō lái.

| 어순₂ | 주어 + 동사 + 복합방향보어(B+A) + 목적어 |

我朋友 买　回来　一本汉语小说。
Wǒ péngyou mǎi huílái yì běn Hànyǔ xiǎoshuō.

(2) 목적어가 장소 명사인 경우

| 어순 | 주어 + 동사 + 단순방향보어(B) + 목적어(장소) + 단순방향보어(A) |

火车　开　　进　　首尔火车站　　来　了。
Huǒchē kāi jìn Shǒu'ěr huǒchē zhàn lái le.

❹ 복합 방향보어의 기본의

단순 방향보어(B)에서 단순 방향보어(A)로 동사의 동작이 진행된다는 뜻을 나타낸다.

단어　▫ 小说 xiǎoshuō 소설

3　· 우리들은 모두 꽤나 나이를 먹었습니다.
　　· 매번 노인이 길 건너는 것을 볼 때마다 (손에) 땀을 쥐게 됩니다. (가슴이 조마조마하다.)

4　가. (1) · 내 친구는 중국어 소설을 한 권 사 왔습니다.
　　　　　　· 내 친구는 중국어 소설을 한 권 사 왔습니다.
　　　(2) · 기차가 서울역으로 들어왔습니다.

❷ 老师快要走进教室里去了。Lǎoshī kuài yào zǒu jìn jiàoshì li qù le.

다 복합방향보어의 파생의

복합 방향보어가 '파생의', 즉 추상적인 느낌을 표시하는 경우도 있다. '추상'이라는 것은 사람의 눈에 보이지 않는 어떤 상태를 묘사한다는 뜻인데, 상황에 따라 그 의미도 많이 달라지기 때문에 여기서는 자주 볼 수 있는 표현 몇 가지만을 예로 들고, 나머지는 그런 용법이 등장하는 과에서 다시 설명하기로 한다.

(1) 起来[qilai]: 동작이 정지 상태에서 '스타트'한 다음에도 계속 이어지고 있음을 나타낸다.
- 他笑起来了。 Tā xiào qilai le.

(2) 下来[xiàlái]: 동작이 과거에서 현재에 이르기까지 안정적으로 이어지고 있음을 나타낸다.
- 这个故事是从古代流传下来的。 Zhè ge gùshi shì cóng gǔdài liúchuán xiàlái de.

(3) 下去[xiàqù]: 지금 이루어지고 있는 동작을 앞으로 계속 시행할 것임을 나타낸다.
- 这个节目没有意思，我不想再看下去了。
  Zhè ge jiémù méi yǒuyìsi, wǒ bù xiǎng zài kàn xiàqù le.

(4) 过来[guòlái]: 원래의 상태 혹은 정상적인 상태로 되돌아옴을 나타낸다.
- 她醒过来了。 Tā xǐng guòlái le.

참고 단순 방향보어 'A': Step3 제5과 (74쪽)
단순 방향보어 'B': Step3 제9과 (131쪽)

단어
- 笑 xiào 웃다
- 故事 gùshi 이야기
- 古代 gǔdài 고대(의)
- 流传 liúchuán 전해지다, 전파되다
- 节目 jiémù 프로그램
- 醒 xǐng 깨다, 눈을 뜨다

다. (1) 그는 웃기 시작했습니다.
(2) 이 이야기는 옛날부터 전해져 내려온 것입니다.
(3) 이 프로그램은 재미가 없어서 나는 계속 보고 있고 싶지 않습니다.
(4) 그녀가 깨어났습니다.

본문 课文 kèwén

1 강의동으로 들어서던 경민은 왼발을 살짝 절룩거리는 리리를 보고 놀란 표정으로 다가간다.

金景民 **你的腿怎么了？**
Jīn Jǐngmín Nǐ de tuǐ zěnme le?

王莉莉 **昨天不小心在路上被自行车撞倒了。**
Wáng Lìli Zuótiān bù xiǎoxīn zài lùshang bèi zìxíngchē zhuàng dǎo le.

金景民 **要紧吗？疼不疼？**
Jīn Jǐngmín Yàojǐn ma? Téng bu téng?

王莉莉 **出了一点儿血，不要紧。**
Wáng Lìli Chū le yìdiǎnr xiě, bú yàojǐn.

金景民 **教室在五楼，你能爬楼梯吗？**
Jīn Jǐngmín Jiàoshì zài wǔ lóu, nǐ néng pá lóutī ma?

王莉莉 **可以，没问题。**
Wáng Lìli Kěyǐ, méi wèntí.

새로 나온 단어

腿	tuǐ	다리	出血	chū//xiě	피가 나다
小心	xiǎoxīn	조심하다	教室	jiàoshì	교실
自行车	zìxíngchē	자전거	楼	lóu	층
撞倒	zhuàng dǎo	부딪쳐 넘어지다	爬	pá	기다, 오르다
*倒	dǎo	쓰러지다, 넘어지다	楼梯	lóutī	계단

❷ 老师快要走进教室里去了。Lǎoshī kuài yào zǒu jìn jiàoshì li qù le.

金景民　你还是坐电梯上去吧。
Jīn Jǐngmín　Nǐ háishi zuò diàntī shàngqù ba.

王莉莉　坐电梯要排队，我怕会迟到。
Wáng Lìli　Zuò diàntī yào pái duì, wǒ pà huì chídào.

(4층 계단참에 도착한 두 사람은 열린 창을 통해 5층 교실 쪽을 바라본다.)

金景民　四楼了，你再加把劲儿。
Jīn Jǐngmín　Sì lóu le, nǐ zài jiā bǎ jìnr.

王莉莉　谢谢你帮我打气。
Wáng Lìli　Xièxie nǐ bāng wǒ dǎ qì.

金景民　你看，老师快要走进教室里去了。
Jīn Jǐngmín　Nǐ kàn, lǎoshī kuài yào zǒu jìn jiàoshì li qù le.

Tip
'老师快要走进教室里去了'는 올바른 표현이기는 하지만, 실제 생활 회화에서는 핵심적인 내용만 짧게 표현하는 것이 일반적이다.
· 老师快进教室了！
　Lǎoshī kuài jìn jiàoshì le!
　선생님이 교실로 들어 가시려고 해!
· 老师进来了！Lǎoshī jìnlái le!
　선생님이 들어오신다!

王莉莉　咱俩也动作快点儿吧。
Wáng Lìli　Zán liǎ yě dòngzuò kuài diǎnr ba.

Tip
일인칭 복수를 나타내기 위해서는 '咱们[zánmen]'이라고 하는 것이 좀 더 확실하겠지만, 실제 회화에서는 '咱[zán]' 단독으로도 '우리'라는 뜻을 나타낼 수 있다.
· 咱韩国人爱吃辣的。
　Zán Hánguórén ài chī là de.

새로 나온 단어

电梯	diàntī	승강기, 엘리베이터
上去	shàngqù	올라가다
排队	pái//duì	줄을 서다
怕	pà	……할까봐 걱정이다
加劲(儿)	jiā//jìn(r)	힘을 내다
把	bǎ	주로 나이, 힘, 땀 따위를 세는 양사
打气	dǎ//qì	격려하다, 응원하다
俩	liǎ	두 사람, 두 개
动作	dòngzuò	동작

❷ 日记 Rìjì

日期　三月二十四日　星期一　　天气　晴
Rìqī　sānyuè èrshísì rì　xīngqīyī　　Tiānqì qíng

莉莉　昨天　不　小心　在　路上　被　自行
Lìli　zuótiān　bù　xiǎoxīn　zài　lùshang　bèi　zìxíng-
车　撞　倒　了，左　腿　受　了　点儿　伤。今天
chē　zhuàng dǎo　le,　zuǒ　tuǐ　shòu　le　diǎnr　shāng.　Jīntiān
上课　的　教室　在　五　楼，她　腿　不　舒服，
shàngkè　de　jiàoshì　zài　wǔ　lóu,　tā　tuǐ　bù　shūfu,
我们　本来　想　坐　电梯　上去，但是　要　坐
wǒmen　běnlái　xiǎng　zuò　diàntī　shàngqù,　dànshì　yào　zuò
电梯　的　人　太　多　了，电梯　前边　排　了　长
diàntī　de　rén　tài　duō　le,　diàntī　qiánbian　pái　le　cháng
队，我们　只好　爬　楼梯　上　了　五　楼。
duì,　wǒmen　zhǐhǎo　pá　lóutī　shàng　le　wǔ　lóu.

受伤　　shòu//shāng　　(사람이) 부상을 당하다, (물건에) 상처가 나다

❷ 老师快要走进教室里去了。Lǎoshī kuài yào zǒu jìn jiàoshì li qù le.

문형연습 句型练习 jùxíng liànxí   기본문형 익히기

我爬楼梯上去。
Wǒ pá lóutī shàngqù.

바꿔 봅시다!

绳子 shéngzi
树 shù
墙 qiáng

我怕会迟到。
Wǒ pà huì chídào.

바꿔 봅시다!

下雨 xià//yǔ
受伤 shòu//shāng
被撞倒 bèi zhuàng dǎo

단어　□ 绳子 shéngzi 끈　　□ 树 shù 나무　　□ 墙 qiáng 담, 벽

他走进教室里去了。
Tā zǒu jìn jiàoshì li qù le.

바꿔 봅시다!   바꿔 봅시다!

跑 pǎo   洗手间 xǐshǒujiān
跳 tiào   河里 héli
爬 pá   洞里 dòngli

我们只好爬楼梯上了五楼。
Wǒmen zhǐhǎo pá lóutī shàng le wǔ lóu.

바꿔 봅시다!

坐电梯上了五楼 zuò diàntī shàng le wǔ lóu
坐出租车去了火车站 zuò chūzūchē qù le huǒchēzhàn
在这儿吃晚饭 zài zhèr chī wǎnfàn

단어　□ 跳 tiào 뛰다　□ 河 hé 강　□ 洞 dòng 동굴

❷ 老师快要走进教室里去了。Lǎoshī kuài yào zǒu jìn jiàoshì li qù le.

연습문제 练习 liànxí

听 tīng 듣기

1. 남녀의 대화 내용에 근거하여 정답을 찾으시오.

    (1) **A** 红色   **B** 黑色   **C** 蓝色

    (2) **A** 不太疼   **B** 腿很疼   **C** 手疼得很厉害

    (3) **A** 小张家很远   **B** 小张住的大楼有电梯   **C** 小张不认识女的和男的

    (4) **A** 八点半   **B** 十点   **C** 十三点

> **단어**
> □ 弄 nòng 하다(여러 가지 이유로 원래 쓰여야 할 동사를 대신함)   □ 根据 gēnjù 근거하다
> □ 以上 yǐshàng 상술한 것, 이상(의 것)   □ 对话 duìhuà 대화   □ 关于 guānyú ……에 관한

2. 녹음을 잘 듣고 주어진 명제의 옳고 그름을 판단하시오.

    (1) ★ 我平时骑自行车上学。   (　　)

    (2) ★ 我今天没坐电梯。   (　　)

    (3) ★ 我今天也用那个红色的杯子喝咖啡了。   (　　)

    (4) ★ 这次英语考试考得挺不错的。   (　　)

> **단어**
> □ 方便 fāngbiàn 편리하다   □ 洗碗 xǐ//wǎn 설거지하다

阅读 yuèdú 읽기

1. 보기에서 적당한 단어를 골라 빈칸을 채우시오.

   보기　　还是　把　怕　被　爬

   (1) 请你们再加(　　)劲。

   (2) 他(　　)自行车撞倒了。

   (3) 我爸爸最近更不爱(　　)楼梯了。

   (4) 我(　　)明天会下雨。

   (5) 咱们(　　)坐电梯吧。

2. ABC를 순서에 맞게 배치하시오.

   (1) A 但是今天是星期六，怕路上会堵车

   　　B 他本来想坐公共汽车去电影院

   　　C 就坐地铁去了　　　　　　　_____

   (2) A 不过特快票已经卖完了

   　　B 我只好买了动车票

   　　C 我要买特快票　　　　　　　_____

   (3) A 小王被自行车撞倒了

   　　B 他的朋友马上送他去医院了

   　　C 腿出了很多血　　　　　　　_____

   단어　□电影院 diànyǐngyuàn 영화관

❷ 老师快要走进教室里去了。Lǎoshī kuài yào zǒu jìn jiàoshì li qù le.

说 shuō　말하기

다음 질문에 답하시오.

(1) 你会骑自行车吗?

　　→

(2) 要是上课的教室在五楼，你坐电梯还是爬楼梯去教室?

　　→

(3) 你有没有被自行车撞倒过?

　　→

写 xiě　쓰기

1. 주어진 단어를 중국어의 어순에 맞게 다시 배열하시오.

(1) 血 / 他的腿 / 一点儿 / 了 / 出

　　→

(2) 不小心 / 了 / 他 / 自行车 / 撞倒 / 被

　　→

(3) 了 / 老师 / 教室里 / 去 / 走进 / 快要

　　→

(4) 吧 / 咱们 / 电梯 / 还是 / 坐

　　→

2. 다음을 중국어로 작문하시오.

   (1) 저는 어제 부주의해서 길에서 자전거에 부딪혀 넘어졌습니다.

   → _____

   (2) 당신은 계단을 오를 수 있습니까?

   → _____

   (3) 격려해 주셔서 감사합니다.

   → _____

   (4) 승강기 앞에 긴 줄을 섰습니다.

   → _____

   (5) 저는 본래 승강기를 타고 올라가려고 했습니다.

   → _____

❷ 老师快要走进教室里去了。Lǎoshī kuài yào zǒu jìn jiàoshì li qù le.

중국 문화 1

행운을 부르는 그림

상서로움과 행운을 불러오는 그림은 중국 각지에서 볼 수 있고, 그 종류 또한 무수히 많지만, 이런 그림에 등장하는 동식물이나 사물이 어떤 의미를 나타내는 지 외국인이 알기는 힘들다. 여기서는 지면 사정상 대표적인 그림 세 종류만을 골라서 해설한다.

1. 招财进宝(zhāocái jìnbǎo, 초재진보): 재물운을 불러들이다

'재물(財)을 부르고(招), 보물(寶)을 들인다(進)'는 뜻. 한자들 사이의 공통 요소('財'의 '才'와 '招'의 'ㅑ', '財'와 '寶'에 있는 '貝')를 활용하여 한 글자인 것처럼 보이도록 디자인한 도안이다. 주로 사업이나 장사가 잘되기를 기원한다는 뜻이 숨어 있다.

2. 五福和合(wǔfú héhé, 오복화합): 다섯 가지 복이 어울려 화해롭다

주로 신혼부부의 행복한 결혼 생활을 기원할 때 사용하는 그림. '福(복)'과 '蝙蝠(biānfú, 박쥐)'의 '蝠(폭)'이 중국어로는 둘 다 'fú'이기 때문에 그림에 박쥐가 등장한다. 박쥐가 다섯 마리인 것은 '五福'(오복: 장수长寿, 부귀富贵, 건강健康, 수덕修德, 선종善终)을 표현하기 위해서이다. 또한 박쥐들이 그릇에서 나온 이유는 '盒(그릇 합)'이라는 한자와 '和(화)'와 '合(합)'이 모두 'hé'로 소리나기 때문이다.

3. 年年有余(niánnián yǒuyú, 연년유여)와 连年有余(liánnián yǒuyú, 연년유여)
: 해마다 (재물이) 남아서 여유가 있기를

쓰고도 남을 정도의 재물이 매년 들어오기를 기원하는 그림. 중국에서는 설날이 되면 집집마다 벽이나 문 등에 이 도안을 붙여서 새해를 축하하는 풍습이 있다. '鱼(어)'와 '남다'나 '잉여'를 뜻하는 '余(여)'의 중국어 발음이 같기 때문에 물고기가 그림에 등장한 것이다. 물고기뿐인 그림도 있지만, 남자아이가 연꽃을 배경으로 물고기를 안고 있는 그림을 특히 '年年有余(liánnián yǒuyú)'라고 한다. '莲花(liánhuā, 연꽃)'의 '莲(련)'과 '连年'의 '连(련)'이 모두 'lián'으로 소리나기 때문에 연꽃을 등장시키는 것이다.

第三课

你把写好的简历拿给我看看。

Nǐ bǎ xiěhǎo de jiǎnlì ná gěi wǒ kànkan.

학습목표

진행의 부정
我没有写信，我在写求职简历呢。
Wǒ méiyǒu xiě xìn, wǒ zài xiě qiúzhí jiǎnlì ne.

'把[bǎ]'자문(把字句) (1)
你把写好的简历拿给我看看。
Nǐ bǎ xiěhǎo de jiǎnlì ná gěi wǒ kànkan.

결과보어 '在[zài]'의 용법
贴在简历书上 tiē zài jiǎnlìshū shang

방위사 '前后[qiánhòu]'의 용법
寒假前后 hánjià qiánhòu

복합 방향보어 '起来[qǐlái]'의 파생의
看起来太老了。Kàn qilai tài lǎo le.

단어 生词 shēngcí

01	求职	qiúzhí	명 구직; 동 구직하다
02	简历	jiǎnlì	명 약력, 이력(서)
03	把	bǎ	개 ……을/를. 목적어를 동사의 앞으로 전치시키는 개사
04	顺便	shùnbiàn	부 ……하는 김에
05	参谋	cānmóu	동 조언하다
06	贴	tiē	동 붙이다
07	书	shū	명 서류, 문서
08	照片	zhàopiàn	명 사진
09	拍	pāi	동 (사진, 영화 등을) 찍다
10	寒假	hánjià	명 겨울 방학
11	前后	qiánhòu	명 (……의) 전후
12	老	lǎo	형 늙다
13	领带	lǐngdài	명 넥타이
14	显老	xiǎnlǎo	동 늙어 보이다

*显 xiǎn 동 ……처럼 보이다, ……을/를 드러내다

15	毫无	háowú	부 조금도 ……이 없다
16	音信	yīnxìn	명 소식
17	也许	yěxǔ	부 어쩌면
18	严重	yánzhòng	형 심각하다

| | 19 | 不管 | bùguǎn | 접 | ……에 관계없이, ……와/과 상관없이 |
| | 20 | 证件照 | zhèngjiànzhào | 명 | 증명사진 |

　　*证件 zhèngjiàn 명 증명서

	21	重新	chóngxīn	부	다시 한 번
	22	它们	tāmen	대	그것들
	23	如	rú	동	……와/과 같다
	24	石沉大海	shíchén-dàhǎi	성	돌맹이가 큰 바다 속으로 가라앉은 듯하다; 감감무소식이다
	25	土	tǔ	형	촌스럽다

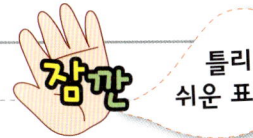

'老师 lǎoshī', '教师 jiàoshī', '先生 xiānsheng'의 차이

'老师'와 '教师'는 둘 다 '선생님'이라는 뜻으로, 유치원부터 대학에 이르기까지 가르치는 직업을 가진 사람이라면 다 '老师' 혹은 '教师'에 해당한다. 다만, 학생 혹은 일반인이 선생님을 부를 때 '老师!' 혹은 성을 덧붙여 '王老师!'라고 말할 수는 있지만, '教师 jiàoshī'를 실제 '호칭'으로 사용할 수는 없다. '先生 xiānsheng'은 원래 '선생님'이라는 뜻의 단어였는데, 현대 중국어에서는 이미 그 의미가 약화되어 '지식인', '의사', '일반 성인 남성' 등에 대한 경칭으로 쓰일 뿐이다. 때때로 기혼 여성이 다른 사람과 이야기할 때 자신의 남편을 '先生'으로 호칭하는 경우도 볼 수 있다.

❸ 你把写好的简历拿给我看看。Nǐ bǎ xiěhǎo de jiǎnlì ná gěi wǒ kànkan.

문법 语法 yǔfǎ

1 진행의 부정

진행형은 일반적으로 '没(有)[méi(yǒu)]'로 부정하며, 이때 '(正)在[(zhèng)zài]'는 사라진다. 중국어에서 진행형이 부정문의 형태로 등장하는 빈도는 그다지 높지 않다. 만약 진행형을 부정한다면, 그것은 질문에 대한 대답이거나 화자 자신(혹은 타인)이 지금 무엇을 하고 있는지 상대방에게 강조하고 싶기 때문이다.

> **어순** 주어 + 没(有)[méi(yǒu)] + 동사 + ……, [화자가 현재 실제로 하고 있는 행동]

- A: 爸爸(正)在看电视吗? Bàba (zhèng)zài kàn diànshì ma?
  B: 爸爸没有看电视，他(正)在看报纸呢。
     Bàba méiyǒu kàn diànshì, tā (zhèng)zài kàn bàozhǐ ne.
- A: 你(正)在写作业吗? Nǐ (zhèng)zài xiě zuòyè ma?
  B: 我没有写作业，(正)在写信呢。Wǒ méiyǒu xiě zuòyè, (zhèng)zài xiě xìn ne.

참고 진행형(1): Step1 제12과 (152쪽)
진행형(2): Step2 제5과 (60쪽)

2 '把[bǎ]'자문(把字句)(1)

일반적으로 동사의 뒤에 위치하는 목적어를 '把'를 활용하여 동사의 앞으로 이동시켜서 표현하는 문형이다. '把[bǎ]'자문에는 다음과 같은 특징이 있다.

첫째, '把[bǎ]'자문의 술어 동사는 대부분 뒤에 '결과보어', '방향보어', '동태조사' 등의 기타 성분을 동반한다.
둘째, '把[bǎ]'의 '목적어'는 대화에 참가하는 사람들이 모두 알고 있는 어떤 것(내용)이어야 한다.
셋째, 부정사와 조동사는 동사의 앞이 아니라 '把[bǎ]'의 앞에 위치한다.

> **어순** 주어 + 把[bǎ] + 목적어 + 동사 + 기타성분(결과보어, 조사, 방향보어 등)

단어 □ 电视 diànshì 텔레비전

㉮ 주어 + 把[bǎ] + 목적어 + 동사 + 결과보어:
- 他把那本书拿走了。Tā bǎ nà běn shū názǒu le.
- 我把作业写完了。Wǒ bǎ zuòyè xiěwán le.

㉯ 주어 + 把[bǎ] + 목적어 + 동사 + 동태조사:
- 老师把自己的钢笔丢了。Lǎoshī bǎ zìjǐ de gāngbǐ diū le.

㉰ 주어 + 把[bǎ] + 목적어 + 동사 + 단순 방향보어:
- 请你把电灯关上。Qǐng nǐ bǎ diàndēng guānshang.

㉱ 이중목적어를 취하는 동사: 직접목적어를 앞으로 이동시킨다. (간접목적어는 이동 불가)
- 王老师给了我汉语课本。Wáng lǎoshī gěi le wǒ Hànyǔ kèběn.
- →王老师把汉语课本给我了。Wáng lǎoshī bǎ Hànyǔ kèběn gěi wǒ le.

㉲ '把[bǎ]'자문의 부정

| 부정 | 주어 + 不[bù]/没[méi] + 把[bǎ] + 목적어 + 동사 + 기타성분 |

| 我 | 没 | 把 | 作业 | 拿 | 来。 |
| Wǒ | méi | bǎ | zuòyè | ná | lái. |

단어 □ 钢笔 gāngbǐ 만년필   □ 电灯 diàndēng 전등   □ 关上 guānshang 꺼버리다

1
- A: 아빠는 텔레비전을 보고 계십니까?
- B: 아빠는 텔레비전을 보고 계신 것이 아니라 신문을 읽고 계십니다.
- A: 당신은 숙제하고 있습니까?
- B: 나는 숙제하고 있는 것이 아니라 편지를 쓰고 있습니다.

2
- 가. · 그가 그 책을 가져갔습니다.
  · 나는 숙제를 다 했습니다.
- 나. · 선생님은 자신의 만년필을 잃어버렸습니다.
- 다. · 전등을 꺼 주세요.
- 라. · 왕선생님이 저에게 중국어 교과서를 주셨습니다.
  → 왕선생님이 중국어 교과서를 저에게 주셨습니다.
- 마. · 나는 숙제를 가져오지 않았습니다.

❸ 你把写好的简历拿给我看看。Nǐ bǎ xiěhǎo de jiǎnlì ná gěi wǒ kànkan.

3 결과보어 '在[zài]'의 용법

'在[zài]+장소' 구조는 동사의 앞과 뒤에 모두 올 수 있다. 동사의 앞에 오면 '개사', 동사의 뒤에 오면 '결과보어'로 쓰인 것이다. 결과보어로 쓰인 '在[zài]+장소'는 행위의 주어(혹은 동사의 목적어)가 동사의 동작이 이루어진 다음 최종적으로 도달하게 되는 장소를 나타낸다.

어순 주어 + 동사 + 在[zài] + 장소

我　住　在　釜山。
Wǒ　zhù　zài　Fǔshān.

- 他坐在椅子上看电视。Tā zuò zài yǐzi shang kàn diànshì.

주의 개사 용법: 他在教室里等你。Tā zài jiàoshì li děng nǐ.

참고 결과보어의 용법(1): Step2 제10과 (116쪽)
결과보어의 용법(2): Step3 제9과 (130쪽)

4 방위사 '前后[qiánhòu]'의 용법

방위사 '前后[qiánhòu]'는 (주로 달력을 기준으로 한) 특정한 시점, 날짜, 행사, 기념일, 국경일과 결합하여 '……을/를 전후해서'라는 뜻으로 쓰인다. 흔히 우리말의 '오후 1시 전후해서'라는 말에서 연상하여 중국어의 시간과 연관시켜 잘못 사용하기 쉽다. 일정한 시간대 혹은 기간을 어림짐작으로 표현할 때는 '시간(기간) + 左右[zuǒyòu]'가 올바른 표현이다.

가 前后

- 春节前后 Chūnjié qiánhòu
- 中秋节前后 Zhōngqiū Jié qiánhòu
- 八一五前后 Bā yāo wǔ qiánhòu

단어
- 釜山 Fǔshān 부산
- 椅子 yǐzi 의자
- 电视 diànshì 텔레비전
- 春节 Chūnjié 설날
- 中秋节 Zhōngqiū Jié 추석

나 左右

- 两年左右 liǎng nián zuǒyòu
- 一个星期左右 yí ge xīngqī zuǒyòu
- 下午一点左右 xiàwǔ yī diǎn zuǒyòu

참고 방위사: Step2 제2과 (24쪽)

5 복합 방향보어 '起来[qǐlái]'의 파생의

'起来[qǐlái]'의 파생의 중에는 화자가 특정한 사물 혹은 개념에 대하여 자신의 인상, 평가, 판단, 의견, 느낌 등을 진술하는 용법이 있다. 우리말로는 '……하자면', '……해 보니' 정도로 해석되는데, 주로 사람의 행동이나 감각과 관련된 동사들(做[zuò], 看[kàn], 说[shuō], 听[tīng] 등)과 함께 쓰인다. 복합 방향보어가 구체적인 방향을 지시하지 않고 파생의로 쓰일 때에는 '경성'으로 발음한다.

- 看起来，要下雨了。Kàn qilai, yào xià yǔ le.
- 听起来，他的话很有意思。Tīng qilai, tā de huà hěn yǒuyìsi.

참고 복합 방향보어: Step4 제2과 (28쪽)

3
- 나는 부산에 삽니다.
- 그는 의자에 앉아서 텔레비전을 봅니다.
- 주의: 그는 교실에서 당신을 기다립니다.

4 가.
- 설날 전후
- 추석 전후
- 8.15 전후

나.
- 2년 정도
- 일주일 정도
- 오후 1시쯤

5
- 보아 하니, 비가 내릴 것 같습니다.
- 들어 보니, 그의 이야기는 무척 재미있습니다.

❸ 你把写好的简历拿给我看看。Nǐ bǎ xiěhǎo de jiǎnlì ná gěi wǒ kànkan.

1. 졸업을 앞둔 경민은 취업을 하기 위하여 지금까지 이런 저런 회사에 이력서를 열 차례 이상 보냈다. 자신이 목표로 삼은 분야의 회사에 취직하기까지 이력서를 몇 번이나 보내야 할지 답답하기는 하지만, 경민은 오늘도 마음을 다잡고 열심히 이력서를 작성한다.

王莉莉　景民，你在给谁写信？
Wáng Lìli　Jǐngmín, nǐ zài gěi shéi xiě xìn?

金景民　我没有写信，我在写求职简历呢。
Jīn Jǐngmín　Wǒ méiyǒu xiě xìn, wǒ zài xiě qiúzhí jiǎnlì ne.

王莉莉　你把写好的简历拿给我看看。
Wáng Lìli　Nǐ bǎ xiě hǎo de jiǎnlì ná gěi wǒ kànkan.

金景民　好。你顺便给我参谋参谋吧。
Jīn Jǐngmín　Hǎo. Nǐ shùnbiàn gěi wǒ cānmóu cānmóu ba.

王莉莉　贴在简历书上的这张照片是什么时候拍的？
Wáng Lìli　Tiē zài jiǎnlìshū shang de zhè zhāng zhàopiàn shì shénme shíhou pāi de?

金景民　寒假前后。
Jīn Jǐngmín　Hánjià qiánhòu.

새로 나온 단어

求职	qiúzhí	구직, 구직하다
简历	jiǎnlì	약력, 이력(서)
把	bǎ	……을/를. 목적어를 동사의 앞으로 전치시키는 개사
顺便	shùnbiàn	……하는 김에
参谋	cānmóu	조언하다
贴	tiē	붙이다
书	shū	서류, 문서
照片	zhàopiàn	사진
拍	pāi	(사진, 영화 등을) 찍다
寒假	hánjià	겨울 방학
前后	qiánhòu	(……의) 전후

王莉莉 Wáng Lìli	怎么不像你？看起来太老了。 Zěnme bú xiàng nǐ? Kàn qilai tài lǎo le.	
	领带是你爸爸的吧？ Lǐngdài shì nǐ bàba de ba?	
金景民 Jīn Jǐngmín	不是啊。　　那么显老吗？ Bú shì a.　　Nàme xiǎn lǎo ma?	
王莉莉 Wáng Lìli	你的简历毫无音信，也许就因为这张照片。 Nǐ de jiǎnlì háowú yīnxìn, yěxǔ jiù yīnwèi zhè zhāng zhàopiàn.	
金景民 Jīn Jǐngmín	不会吧。　　没有你说得那么严重吧？ Bú huì ba.　　Méiyǒu nǐ shuō de nàme yánzhòng ba?	
王莉莉 Wáng Lìli	不管怎么样，证件照要重新拍。 Bùguǎn zěnmeyàng, zhèngjiànzhào yào chóngxīn pāi.	
金景民 Jīn Jǐngmín	我听你的。 Wǒ tīng nǐ de.	

새로 나온 단어

老	lǎo	늙다	也许	yěxǔ	어쩌면
领带	lǐngdài	넥타이	严重	yánzhòng	심각하다
显老	xiǎnlǎo	늙어 보이다	不管	bùguǎn	……에 관계없이,
*显	xiǎn	……처럼 보이다, ……을/를 드러내다			……와/과 상관없이
毫无	háowú	조금도 ……이 없다	证件照	zhèngjiànzhào	증명사진
音信	yīnxìn	소식	*证件	zhèngjiàn	증명서
			重新	chóngxīn	다시 한 번

❸ 你把写好的简历拿给我看看。Nǐ bǎ xiěhǎo de jiǎnlì ná gěi wǒ kànkan.

❷ 日记 Rìjì

日期 五月一日 星期四　　天气 晴转多云
Rìqī　wǔyuè yī rì　xīngqīsì　　Tiānqì　qíng zhuǎn duōyún

		求	职	简	历	书	我	到	现	在	不	知	写	了
		Qiúzhí		jiǎnlìshū			wǒ	dào	xiànzài		bù	zhī	xiě	le

多少，但是它们都如石沉大海，毫
duōshao,　Dànshì　tāmen　dōu　rú　shíchén-dàhǎi,　háo-

无音信。今天莉莉看了我的求职简
wú　yīnxìn.　Jīntiān　Lìli　kàn le　wǒ　de　qiúzhí　jiǎn-

历书以后，让我重新拍证件照。她
lìshū　　yǐhòu,　　ràng wǒ　chóngxīn　pāi　zhèngjiànzhào.　Tā

说照片上的我看起来又老又土。
shuō zhàopiàn shang de wǒ kàn qilai　yòu lǎo yòu tǔ.

새로 나온 단어

它们	tāmen	그것들	石沉大海	shíchén-dàhǎi	돌맹이가 큰 바다 속으로 가라앉
如	rú	……와/과 같다			은 듯하다; 감감무소식이다
			土	tǔ	촌스럽다

50

문형연습 句型练习 jùxíng liànxí 기본문형 익히기

我没有写信，我在写求职简历呢。
Wǒ méiyǒu xiě xìn, wǒ zài xiě qiúzhí jiǎnlì ne.

바꿔 봅시다!

- 喝咖啡 hē kāfēi
- 看电视 kàn diànshì
- 点菜 diǎn cài

바꿔 봅시다!

- 喝中国茶 hē Zhōngguóchá
- 听音乐 tīng yīnyuè
- 看菜单 kàn càidān

你把写好的简历拿给我看看。
Nǐ bǎ xiěhǎo de jiǎnlì ná gěi wǒ kànkan.

바꿔 봅시다!

- 做好的作业 zuòhǎo de zuòyè
- 准备好的菜 zhǔnbèihǎo de cài
- 修好的自行车 xiūhǎo de zìxíngchē

단어 ▫ 电视 diànshì 텔레비전 ▫ 音乐 yīnyuè 음악 ▫ 修 xiū 수리하다

❸ 你把写好的简历拿给我看看。 Nǐ bǎ xiěhǎo de jiǎnlì ná gěi wǒ kànkan.

贴在简历书上的照片是寒假前后拍的。
Tiē zài jiǎnlìshū shang de zhàopiàn shì hánjià qiánhòu pāi de.

> 바꿔 봅시다! 　 바꿔 봅시다! 　　　　　　바꿔 봅시다!

放 fàng	桌子上的书 zhuōzi shang de shū	昨天买 zuótiān mǎi
挂 guà	那儿的衣服 nàr de yīfu	还没洗 hái méi xǐ
站 zhàn	门口的那个人	我昨天才认识
	ménkǒu de nà ge rén	wǒ zuótiān cái rènshi

看起来太老了。
Kàn qilai tài lǎo le.

> 바꿔 봅시다! 　　바꿔 봅시다!

听 tīng	很有意思 hěn yǒuyìsi
说 shuō	真不好意思 zhēn bù hǎoyìsi
穿 chuān	很舒服 hěn shūfu

단어　□ 放 fàng 두다　□ 桌子 zhuōzi 책상, 테이블　□ 挂 guà 걸다　□ 站 zhàn 서다

연습문제 练习 liànxí

听 tīng 듣기

1. 남녀의 대화 내용에 근거하여 정답을 찾으시오.

   (1) A 咖啡　　　　　　B 牛奶　　　　　　C 早饭

   (2) A 领带　　　　　　B 裤子　　　　　　C 衬衫

   (3) A 女的的丈夫　　　B 女的　　　　　　C 女的的爸爸

   (4) A 年轻了　　　　　B 身体老了　　　　C 剪发了

   단어
   - 牛奶 niúnǎi 우유
   - 儿子 érzi 아들
   - 丈夫 zhàngfu 남편
   - 年轻 niánqīng 젊다
   - 也许 yěxǔ 아마도

2. 녹음을 잘 듣고 주어진 명제의 옳고 그름을 판단하시오.

   (1) ★ 我哥哥已经找到工作了。　　　　　　(　　)

   (2) ★ 小张的妈妈和我妈妈是同学。　　　　(　　)

   (3) ★ 明天我要带照片去学校。　　　　　　(　　)

   (4) ★ 被汽车撞倒的人被送到医院了。　　　(　　)

   단어
   - 却 què 반대로, 오히려
   - 可爱 kě'ài 귀엽다

阅读 yuèdú 읽기

1. 보기에서 적당한 단어를 골라 빈칸을 채우시오.

   보기   在   把   拍   前后   起来

   (1) 你(　　)那张照片拿给我看看。

   (2) 他贴(　　)信封上的邮票是我的。

   (3) 这首歌听(　　)很好听。

   (4) 我听老师说寒假(　　)会有一场球赛。

   (5) 这张照片(　　)得不好看。

   단어　信封 xìnfēng 편지 봉투　　首 shǒu 노래 등을 세는 양사　　歌 gē 노래
   　　　场 chǎng (스포츠에서의) 회, 번　　球赛 qiúsài 구기 시합

2. ABC를 순서에 맞게 배치하시오.

   (1) A 在国外如果丢了护照就会很麻烦

   　　B 去国外旅游

   　　C 一定要把护照带在身上　　_____

   (2) A 天气预报说今年夏天会很热

   　　B 怎么办好呢

   　　C 可是我家里又没有空调　　_____

   (3) A 打算今天下午去百货商场给爸爸买一条领带

   　　B 爸爸后天就要过生日了

   　　C 我还没买生日礼物　　_____

   단어　国外 guówài 국외

说 shuō 말하기

다음 질문에 답하시오.

(1) 你写过求职简历书吗?

→ _____

(2) 你最近什么时候拍过证件照?

→ _____

(3) 请你拿一张全家福，介绍一下你的家人。

→ _____

> 단어　□ 全家福 quánjiāfú 가족사진

写 xiě 쓰기

1. 주어진 단어를 중국어의 어순에 맞게 다시 배열하시오.

(1) 尝尝 / 请你 / 我 / 把 / 拿给 / 做好的菜

→ _____

(2) 让 / 老师 / 学生们 / 做 / 重新 / 作业

→ _____

(3) 妈妈 / 年轻 / 照片上 / 看起来 / 的 / 非常

→ _____

(4) 请你 / 把 / 顺便 / 带给 / 他 / 这些

→ _____

❸ 你把写好的简历拿给我看看。Nǐ bǎ xiěhǎo de jiǎnlì ná gěi wǒ kànkan.

2. 다음을 중국어로 작문하시오.

(1) 저는 이것들을 제 친구에게 주고 싶습니다. ('把'를 사용할 것)

→ _____

(2) 이력서에 붙인 이 사진은 언제 찍은 겁니까?

→ _____

(3) 저는 아빠를 닮았습니다.

→ _____

(4) 제 여동생은 엄마를 닮지 않았습니다.

→ _____

(5) (당신은) 이렇게 입으니, 늙어 보입니다.

→ _____

第四课

虽然离学校远，但是租金比学校附近的便宜一些。

Suīrán lí xuéxiào yuǎn, dànshì zūjīn bǐ xuéxiào fùjìn de piányi yìxiē.

학습목표

차용 동량사(1) - '声[shēng]'
你们搬家怎么不告诉我一声呢?
Nǐmen bān jiā zěnme bú gàosu wǒ yìshēng ne?

'是不是[shì bu shì]'를 활용한 의문문
你们的新家是不是离学校有点儿远?
Nǐmen de xīn jiā shì bu shì lí xuéxiào yǒudiǎnr yuǎn?

복문(4) - 양보복문
虽然离学校远，但是租金比学校附近的便宜一些。
Suīrán lí xuéxiào yuǎn, dànshì zūjīn bǐ xuéxiào fùjìn de piányi yìxiē.

'这不[zhè bu]'의 용법
这不，你看我们俩的身材，瘦了吧?
Zhè bu, nǐ kàn wǒmen liǎ de shēncái, shòu le ba?

단어 生词 shēngcí

☐☐ 01 恭喜 gōngxǐ 동 축하하다

☐☐ 02 搬 bān 동 옮기다

☐☐ 03 猜 cāi 동 추측하다

☐☐ 04 肯定 kěndìng 부 분명히, 틀림없이

☐☐ 05 缺 quē 동 모자라다

☐☐ 06 烤面包箱 kǎomiànbāoxiāng 명 토스터

　　*烤 kǎo 동 굽다

☐☐ 07 周到 zhōudao 형 꼼꼼하다, 세심하다

☐☐ 08 搬家 bān//jiā 동 이사하다

☐☐ 09 声 shēng 명 (목) 소리; 양 소리를 세는 양사

☐☐ 10 就业 jiù//yè 동 취업하다

☐☐ 11 打扰 dǎrǎo 동 방해하다

☐☐ 12 反正 fǎnzhèng 부 어차피

☐☐ 13 需要 xūyào 동 ……해야 한다, ……이 필요하다

☐☐ 14 虽然……但是……
　　　　 suīrán……dànshì…… 비록……이기는 하지만 그러나……

☐☐ 15 租金 zūjīn 명 임대료, 집세

☐☐ 16 省 shěng 동 절약하다

☐☐ 17 不少 bùshǎo 형 적지 않다

☐☐ 18 走路 zǒu//lù 동 길을 걷다

☐ ☐	19	上学	shàng//xué	동	등교하다, 학교에 다니다
☐ ☐	20	锻炼	duànliàn	동	단련하다
☐ ☐	21	一举两得	yìjǔ-liǎngdé	성	일거양득, 일석이조
☐ ☐	22	身材	shēncái	명	몸매
☐ ☐	23	距离	jùlí	명	거리
☐ ☐	24	为了	wèile	개	……을 위하여
☐ ☐	25	花	huā	동	(돈을) 쓰다, 소비하다
☐ ☐	26	减肥	jiǎn//féi	동	다이어트하다, 살을 빼다

틀리기 쉬운 표현

'周到 zhōudao'는 '꼼꼼하다' 아니면 '주도면밀하다'?

중국어를 공부하면서 같은 한자어가 한국어와 중국어에 동시에 존재하는 경우를 종종 보았을 것이다. 그런 단어의 뜻이 두 나라 말에서 완전히 같다면 익히기도 쉽고 잊어버릴 염려도 없지만, 실제로는 미묘한 뉘앙스의 차이를 보이는 경우가 적지 않기 때문에 주의하지 않으면 안 된다. '周到'는 한국어에서는 '주도면밀(周到綿密)하다'거나 '용의주도(用意周到)하다'라는 말에서 알 수 있듯이 '부정적인 뉘앙스'를 가진 단어인데, 중국어에서는 완벽하게 '좋은 뉘앙스'로만 쓰인다.

这儿服务很周到。Zhèr fúwù hěn zhōudao. 여기는 서비스가 정말 꼼꼼(세심)하다.

❹ 虽然离学校远, 但是租金比学校附近的便宜一些。Suīrán lí xuéxiào yuǎn, dànshì zūjīn bǐ xuéxiào fùjìn de piányi yìxiē.

문법 语法 yǔfǎ

1 차용 동량사(1) – '声[shēng]'

원래는 동량사가 아니지만 임시로 동량사로 쓰이는 단어를 '차용 동량사'라고 한다. 차용 동량사로는 '신체의 일부'를 뜻하는 단어가 종종 차출된다. '声[shēng]' 역시 '(목)소리'라는 뜻의 명사이지만, (목)소리와 관련된 동사와 함께 쓰여서 동사가 내는 소리의 횟수를 세는 동량사의 역할을 담당한다. 전용 동량사와 차용 동량사는 어순이 다르므로 주의하도록 하자.

어순 주어 + 동사 (+ 목적어) + 수사 + 차용 동량사

他 踢了 (我) 一 脚。(脚 jiǎo 발)
Tā tī le (wǒ) yì jiǎo.

- 狗咬了我朋友一口。Gǒu yǎo le wǒ péngyou yì kǒu. (口 kǒu 입)

- 有一个小姐喊了(我)几声。Yǒu yí ge xiǎojiě hǎn le (wǒ) jǐ shēng. (声 shēng 목소리)

참고 전용 동량사의 어순: Step3 제10과 (146쪽)

2 '是不是[shì bu shì]'를 활용한 의문문

동사 '是[shì]'가 명사를 목적어로 취하여 '是不是[shì bu shì] + 명사' 형태의 정반의문문으로 쓰이면 일반적인 의문문을 표시한다. 그러나 그 이외의 상황에서 '是不是'가 문장의 첫머리, 가운데 혹은 마지막에 위치하게 되면, 화자가 자신의 추측, 판단, 견해 등에 대하여 상대방에게 확인하는 느낌을 표현한다. 이 경우, 대부분 '……이지요?' 혹은 '……이 아닌가요?' 정도의 뉘앙스를 가진다.

㉮ 단순한 정반의문문

어순 주어 + 是不是[shì bu shì] + 명사?

你 是不是 学生?
Nǐ shì bu shì xuésheng?

단어 ▫ 咬 yǎo (입으로) 물다 ▫ 喊 hǎn 외치다, 소리치다

나. (1) 문두에 올 때

> 어순   是不是[shì bu shì] + 평서문?

是不是　她已经回去了?
Shì bu shì　tā yǐjing huíqù le?

(2) 문중에 올 때

> 어순   주어 + 是不是[shì bu shì] + 술어(술부)?

她　　是不是　　已经回去了?
Tā　　shì bu shì　yǐjing huíqù le?

(3) 문미에 올 때

> 어순   평서문 + 是不是[shì bu shì]?

她已经回去了,　是不是?
Tā yǐjing huíqù le, shì bu shì?

3 복문(4) – 양보복문 '虽然[suīrán] + P, 但是[dànshì] + Q'의 용법

'P'를 종속절, 'Q'를 주절이라고 했을 때, '虽然[suīrán] + P, 但是[dànshì] + Q'는 '비록 P하기는 하지만, (그러나) Q하다'라고 옮길 수 있다. '虽然[suīrán]'의 뒤에 'P'라는 인정할 수 있는 최소한의 사실을 제시하고, 주절 'Q'에는 화자의 견해, 의견 혹은 또 다른 사실을 제시하는 양보의 느낌을 표시하는 문형이다. 접속사 '但是[dànshì]'는 '可是[kěshì]' 혹은 '不过[búguò]'로 대신할 수 있다.

1 · 그는 (나를) 발로 한 차례 찼습니다.
· 개가 내 친구를 한 번 물었습니다.
· 어떤 아가씨가 나를 향해 몇 번이나 소리를 질렀습니다.

2 가. 당신은 학생입니까 아닙니까?

나. (1) 그녀는 벌써 돌아가지 않았나요?
(2) 그녀는 벌써 돌아가지 않았나요?
(3) 그녀는 벌써 돌아갔지요, 그렇죠?

❹ 虽然离学校远,但是租金比学校附近的便宜一些。Suīrán lí xuéxiào yuǎn, dànshì zūjin bǐ xuéxiào fùjin de piányi yìxiē.

| 어순 | 虽然[suīrán] + P(종속절), 但是[dànshì] + Q(주절) |

虽然　　我年纪小，　但是　我知道爸爸妈妈很辛苦。
Suīrán　wǒ niánjì xiǎo,　dànshì　wǒ zhīdao bàba māma hěn xīnkǔ.

- 虽然我喜欢吃中国菜，但是不会做。

  Suīrán wǒ xǐhuan chī Zhōngguócài, dànshì bú huì zuò.

- 你的意见虽然很好，可是我不同意。Nǐ de yìjiàn suīrán hěn hǎo, kěshì wǒ bù tóngyì.

4 '这不[zhè bu]'의 용법

상대방의 주의를 환기시키기 위하여 사용하는 구어체 표현으로, 대화를 나누는 과정에서 상대방이 제시한 의견, 판단, 추측에 대하여 바로 그대로(혹은 정반대)의 상황이 현재 펼쳐지고 있음을 강조하면서 상대의 주의를 자신에게로 유도하는 역할을 한다. '자! ……하지 않니?', '좀 봐! ……하잖아!' 정도로 해석되는데, 이 때, '不'는 종종 경성으로 발음된다.

- 这不，你想要的东西都在这儿。Zhè bu, nǐ xiǎng yào de dōngxi dōu zài zhèr.
- 你说今天下雪？这不，天气这么热呀！

  Nǐ shuō jīntiān xià xuě? Zhè bu, tiānqì zhème rè ya!

| 단어 | □ 年纪 niánjì 나이　□ 辛苦 xīnkǔ 고생하다　□ 意见 yìjiàn 의견　□ 同意 tóngyì 동의하다, 찬성하다
□ 下雪 xià//xuě 눈 내리다 |

3 · 비록 내 나이가 어리기는 하지만, 나는 아빠, 엄마가 고생하시는 것을 알고 있습니다.
 · 비록 내가 중국요리 먹는 걸 좋아하기는 하지만, 만들 줄은 모릅니다.
 · 당신의 의견이 비록 훌륭하기는 하지만, 나는 찬성하지 못 합니다.
4 · 보세요, 당신이 필요로 하는 물건은 모두 여기에 있잖아요.
 · 당신이 오늘 눈 내린다고 하지 않았나요? 좀 봐요, 날씨가 이렇게 덥잖아요!

1 리리와 장밍은 의기투합하여 그 동안 지내던 기숙사를 떠나 작은 주택을 빌려 함께 지내기로 했다. 두 사람이 새로 이사한 집에 경민이 큰 선물을 들고 첫 번째로 놀러 왔다.

金景民 恭喜你们搬新家了。
Jīn Jǐngmín Gōngxǐ nǐmen bān xīn jiā le.

张 明 谢谢你。
Zhāng Míng Xièxie nǐ.

王莉莉 这是什么?
Wáng Lìli Zhè shì shénme?

金景民 我猜你们肯定缺这个。
Jīn Jǐngmín Wǒ cāi nǐmen kěndìng quē zhè ge.

张 明 是烤面包箱。你想得真周到。
Zhāng Míng Shì kǎomiànbāoxiāng. Nǐ xiǎng de zhēn zhōudao.

金景民 对了,你们搬家怎么不告诉我一声呢?
Jīn Jǐngmín Duì le, nǐmen bānjiā zěnme bú gàosu wǒ yì shēng ne?

새로 나온 단어

恭喜	gōngxǐ	축하하다	烤面包箱	kǎomiànbāoxiāng	토스터
搬	bān	옮기다	*烤	kǎo	굽다
猜	cāi	추측하다	周到	zhōudao	꼼꼼하다, 세심하다
肯定	kěndìng	분명히, 틀림없이	搬家	bān//jiā	이사하다
缺	quē	모자라다	声	shēng	(목) 소리; 소리를 세는 양사

4 虽然离学校远,但是租金比学校附近的便宜一些。Suīrán lí xuéxiào yuǎn, dànshì zūjīn bǐ xuéxiào fùjìn de piányi yìxiē.

张 明　莉莉说你最近准备就业考试特别忙，
Zhāng Míng　Lìli shuō nǐ zuìjìn zhǔnbèi jiùyè kǎoshì tèbié máng,

　　　　　不想打扰你。
　　　　　bù xiǎng dǎrǎo nǐ.

王莉莉　反正我们需要搬的东西也不多。
Wáng Lìli　Fǎnzhèng wǒmen xūyào bān de dōngxi yě bù duō.

金景民　你们的新家是不是离学校有点儿远？
Jīn Jǐngmín　Nǐmen de xīn jiā shì bu shì lí xuéxiào yǒudiǎnr yuǎn?

王莉莉　虽然离学校有点儿远，但是租金比学校
Wáng Lìli　Suīrán lí xuéxiào yǒudiǎnr yuǎn, dànshì zūjīn bǐ xuéxiào

　　　　　附近的便宜一些，可以省不少钱。
　　　　　fùjìn de piányi yìxiē, kěyǐ shěng bùshǎo qián.

张 明　走路上学还可以锻炼身体，这就叫一举两得。
Zhāng Míng　Zǒulù shàngxué hái kěyǐ duànliàn shēntǐ, zhè jiù jiào yìjǔ-liǎngdé.

王莉莉　这不，你看我们俩的身材，瘦了吧？
Wáng Lìli　Zhè bu, nǐ kàn wǒmen liǎ de shēncái, shòu le ba?

새로 나온 단어

就业	jiù//yè	취업하다
打扰	dǎrǎo	방해하다
反正	fǎnzhèng	어차피
需要	xūyào	……해야 한다, ……이 필요하다
虽然……但是……	suīrán……dànshì……	비록……이기는 하지만 그러나……
租金	zūjīn	임대료, 집세
省	shěng	절약하다
不少	bùshǎo	적지 않다
走路	zǒu//lù	길을 걷다
上学	shàng//xué	등교하다, 학교에 다니다
锻炼	duànliàn	단련하다
一举两得	yìjǔ-liǎngdé	일거양득
身材	shēncái	몸매

❷ 日记 Rìjì

日期 五月十八日 星期天　　天气 晴转多云
Rìqī wǔyuè shíbā rì xīngqītiān　　Tiānqì qíng zhuǎn duōyún

上 个 星 期 天 莉 莉 和 张 明 搬 家 了。
Shàng ge xīngqītiān Lìli hé Zhāng Míng bānjiā le.
她 们 搬 的 新 家 离 学 校 有 点 儿 远 ， 坐
Tāmen bān de xīn jiā lí xuéxiào yǒudiǎnr yuǎn, zuò
公 共 汽 车 有 四 五 站 的 距 离 。 她 们 为
gōnggòng qìchē yǒu sì wǔ zhàn de jùlí. Tāmen wèi-
了 省 钱 ， 每 天 都 走 路 上 学 。 她 们 还
le shěng qián, měi tiān dōu zǒulù shàngxué. Tāmen hái
说 走 路 上 学 不 但 可 以 省 钱 ， 而 且 还
shuō zǒulù shàngxué búdàn kěyǐ shěng qián, érqiě hái
可 以 不 花 钱 减 肥 。
kěyǐ bù huā qián jiǎnféi.

새로 나온 단어

| 距离 | jùlí | 거리 | 花 | huā | (돈을) 쓰다, 소비하다 |
| 为了 | wèile | ……을 위하여 | 减肥 | jiǎn//féi | 다이어트하다, 살을 빼다 |

❹ 虽然离学校远，但是租金比学校附近的便宜一些。Suīrán lí xuéxiào yuǎn, dànshì zūjīn bǐ xuéxiào fùjìn de piányi yìxiē.

문형연습 句型练习 jùxíng liànxí　　기본문형 익히기

你们搬的新家是不是离学校有点儿远?
Nǐmen bān de xīn jiā shì bu shì lí xuéxiào yǒudiǎnr yuǎn?

바꿔 봅시다!

你 nǐ	也想搬家 yě xiǎng bānjiā
她 tā	也想吃饭 yě xiǎng chī fàn
你弟弟 nǐ dìdi	受伤了 shòushāng le

虽然离学校有点儿远, 但是租金比学校附近的便宜。
Suīrán lí xuéxiào yǒudiǎnr yuǎn, dànshì zūjīn bǐ xuéxiào fùjìn de piányi.

바꿔 봅시다!

今天下雨 jīntiān xiàyǔ	我还是要去 wǒ háishi yào qù
他说不好吃 tā shuō bù hǎochī	我还是觉得好吃 wǒ háishi juéde hǎochī
天很热 tiān hěn rè	他们还是不开空调 tāmen háishi bù kāi kōngtiáo

这儿的租金比学校附近的便宜一些。
Zhèr de zūjīn bǐ xuéxiào fùjìn de piányi yìxiē.

↓ 바꿔 봅시다! ↓ 바꿔 봅시다!

这家商店的衣服 zhè jiā shāngdiàn de yīfu	那家的贵 nà jiā de guì
他买的房子 tā mǎi de fángzi	我买的大 wǒ mǎi de dà
他 tā	我高 wǒ gāo

他们为了省钱，每天都走路上学。
Tāmen wèile shěng qián, měi tiān dōu zǒu lù shàng xué.

↓ 바꿔 봅시다! ↓ 바꿔 봅시다! ↓ 바꿔 봅시다!

她们 tāmen	减肥 jiǎnféi	不吃晚饭 bù chī wǎnfàn
他们 tāmen	身体 shēntǐ	喝不少水 hē bùshǎo shuǐ
妈妈 māma	不打扰我学习 bù dǎrǎo wǒ xuéxí	不看电视 bú kàn diànshì

단어 □ 房子 fángzi 집 □ 电视 diànshì 텔레비전

❹ 虽然离学校远，但是租金比学校附近的便宜一些。Suīrán lí xuéxiào yuǎn, dànshì zūjīn bǐ xuéxiào fùjìn de piányi yìxiē.

연습문제 练习 liànxí

听 tīng 듣기

1. 남녀의 대화 내용에 근거하여 정답을 찾으시오.

   (1) A 烤面包　　　　　　B 什么也没吃　　　　C 猪排骨

   (2) A 下个月底　　　　　B 三月底　　　　　　C 上个月底

   (3) A 和朋友们去饭馆儿吃饭了　B 一个人去逛街买衣服了　C 和大学同学们去逛街了

   (4) A 上班会迟到　　　　B 对女儿很好　　　　C 很辛苦

   단어　□ 辛苦 xīnkǔ 고생하다

2. 녹음을 잘 듣고 주어진 명제의 옳고 그름을 판단하시오.

   (1) ★ 今天我要请你吃饭。　　　　　　　　　(　　)

   (2) ★ 我平时很喜欢看球赛。　　　　　　　　(　　)

   (3) ★ 他们搬的新家交通不太方便。　　　　　(　　)

   (4) ★ 医生不让我吃晚饭。　　　　　　　　　(　　)

   단어　□ 电脑 diànnǎo 컴퓨터　□ 球赛 qiúsài 구기 시합　□ 方便 fāngbiàn 편리하다

阅读 yuèdú 읽기

1. 보기에서 적당한 단어를 골라 빈칸을 채우시오.

> 보기   还   虽然   打扰   为了   猜

(1) 走路上学（　　　）可以锻炼身体。

(2) 我们（　　　）省时间，没吃饭就走了。

(3) 你（　　　）他是谁?

(4) 他最近工作很忙，我不想（　　　）他。

(5) （　　　）天气很冷，但是我还是要去游泳。

2. ABC를 순서에 맞게 배치하시오.

(1) A 从那天开始我和我丈夫早上不吃别的

　　B 就吃两片烤面包喝一杯牛奶

　　C 上个星期朋友送了我们一个烤面包箱　_____

(2) A 但是到现在还没找到合适的工作

　　B 最近就业很难

　　C 我哥哥去年大学毕业了　_____

(3) A 这就叫一举两得

　　B 就不需要花钱去减肥了

　　C 你要是每天锻炼身体　_____

> 단어　□丈夫 zhàngfu 남편　□片 piàn 얇고 작은 물건을 세는 양사. 조각　□牛奶 niúnǎi 우유

❹ 虽然离学校远，但是租金比学校附近的便宜一些。Suīrán lí xuéxiào yuǎn, dànshì zūjīn bǐ xuéxiào fùjìn de piányi yìxiē.

说 shuō 말하기

다음 질문에 답하시오.

(1) 你觉得你胖吗?

→ _____

(2) 你有没有减过肥?

→ _____

(3) 你最近缺不缺钱?

→ _____

写 xiě 쓰기

1. 주어진 단어를 중국어의 어순에 맞게 다시 배열하시오.

(1) 很 / 他 / 想得 / 周到 / 还是

→ _____

(2) 离 / 搬的 / 学校 / 新家 / 她们 / 远一点儿

→ _____

(3) 了 / 猜 / 你们 / 我 / 肯定 / 饿

→ _____

(4) 晚饭 / 她 / 减肥 / 为了 / 不吃

→ _____

2. 다음을 중국어로 작문하시오.

(1) 새 집으로 이사 온 것을 축하드립니다.

→ _____

(2) 저는 당신을 방해하고 싶지 않습니다.

→ _____

(3) 그들은 매일 걸어서 학교에 다닙니다.

→ _____

(4) 그들은 몸을 위해 매일 우유 한 잔을 마십니다.

→ _____

(5) 당신은 그가 누구일 거라고 추측합니까?

→ _____

| 단어 | ▫ 牛奶 niúnǎi 우유 |

❹ 虽然离学校远，但是租金比学校附近的便宜一些。Suīrán lí xuéxiào yuǎn, dànshì zūjīn bǐ xuéxiào fùjìn de piányi yìxiē.

중국 문화 2

문학 작품의 중국어 제목

세계문학전집에 포함될 만한 문학 작품은 당연히 중국어로도 번역되어 있다. 따라서 중국 사람들도 유명한 외국소설의 내용은 모르더라도 제목 정도는 들어서 알고 있다. 그런데 문제는 중국어로 쓰여진 글 속에 그런 작품이 인용되더라도 외국인인 우리가 중국어 제목만 보아서는 그것이 도대체 어느 나라의 누가 쓴 작품인지 알 수 없다는 사실이다. 심지어는 세계적인 소설의 중국어 제목만 보고 그것을 중국 사람의 작품으로 오해하여 엉뚱하게 번역하는 실수도 종종 벌어진다.

여기서는 클래식이라고 일컬어지는 많은 작품 중에서 중국어 제목만으로 원작을 쉽게 알 수 있는 것들과 제목만으로는 원작을 상상하기 힘든 것들을 대비하여 제시한다. 상상력을 테스트할 겸 한국어 부분을 가린 다음 중국어만 보고 원작의 제목을 한 번 맞추어 보도록 하자.

1. 제목만으로도 원작을 쉽게 추측할 수 있는 작품

- 安妮 弗兰科的日记 Ānní Fúlánkē de rìjì 안네의 일기(안네 프랑크)
- 威尼斯商人 Wēinísī shāngrén 베니스의 상인(윌리엄 셰익스피어)
- 卡拉马卓夫的兄弟 Kǎlāmǎzhuófū de xiōngdì 카라마조프가의 형제들(도스토옙스키)
- 罗密欧与朱丽叶 Luómì'ōu yǔ Zhūlìyè 로미오와 줄리엣(윌리엄 셰익스피어)

2. 제목만으로는 원작을 추측하기 힘든 작품

- 少年维特的烦恼 Shàonián Wéitè de fánnǎo 젊은 베르테르의 슬픔(요한 볼프강 괴테)
- 飘 Piāo 바람과 함께 사라지다(마거릿 미첼)
- 皇帝的新装 Huángdì de xīnzhuāng 벌거벗은 임금님(한스 크리스티안 안데르센)
- 日瓦戈医生 Rìwǎgē yīshēng 닥터 지바고(보리스 파스테르나크)
- 玩偶之家 Wán'ǒu zhī jiā 인형의 집(헨리크 입센)
- 瘟疫 Wēnyì 페스트(알베르 카뮈)
- 夜航 Yèháng 야간비행(생텍쥐페리)

第五课

大门、窗户怎么都开着呢?

Dàmén, chuānghu zěnme dōu kāizhe ne?

학습목표

동태조사 '着[zhe]'의 용법(1)
窗户怎么都开着呢? Chuānghu zěnme dōu kāizhe ne?

구조조사 '地[de]'의 용법
你在我家门口探头探脑地干什么?
Nǐ zài wǒ jiā ménkǒu tàntóu-tànnǎo de gàn shénme?

차용 동량사(2) – '跳[tiào]'
吓我一跳。Xià wǒ yí tiào.

'什么[shénme]……都[dōu]/也[yě]……'의 용법(1)
我什么坏事儿也没做。
Wǒ shénme huài shìr yě méi zuò.

'很少[hěn shǎo]'의 용법
我们的确很少开。Wǒmen díquè hěn shǎo kāi.

단어 生词 shēngcí

□□01	奇怪	qíguài	형	이상하다
□□02	大门	dàmén	명	대문
□□03	窗户	chuānghu	명	창문
□□04	开	kāi	동	(닫힌 것을) 열다
□□05	着	zhe	조	상태의 지속을 나타내는 동태조사
□□06	门口	ménkǒu	명	입구, 현관
□□07	探头探脑	tàntóu-tànnǎo	성	머리를 내밀고 두리번거리며 주위를 살피다, 몰래 주위를 살피다
□□08	地	de	조	구조조사, 동사/형용사의 수식어를 표시한다
□□09	干	gàn	동	하다
□□10	吓	xià	동	놀라다, 놀라게 하다
□□11	跳	tiào	동	뛰다
□□12	实话实说	shíhuà shíshuō	성	사실을 있는 대로 말하다
□□13	坏	huài	형	나쁘다
□□14	偷看	tōukàn		훔쳐 보다

*偷 tōu 동 훔치다

□□15	几乎	jīhū	부	거의
□□16	没错	méi cuò		틀림없다, 그렇다
□□17	的确	díquè	부	확실히
□□18	很少	hěn shǎo		거의 ……않다

☐☐	19	以为	yǐwéi	동	……인 줄 알다, ……라고 (잘못) 생각하다
☐☐	20	小偷	xiǎotōu	명	(좀)도둑
☐☐	21	梅雨	méiyǔ	명	장마
☐☐	22	刚	gāng	부	막, 방금, 바로
☐☐	23	潮湿	cháoshī	형	습하다, 축축하다
☐☐	24	换气	huàn//qì	명 환기; 동 환기하다	
☐☐	25	大扫除	dàsǎochú	명 대청소; 동 대청소하다	
☐☐	26	怪不得	guàibude		어쩐지
☐☐	27	堆	duī	양	산처럼 쌓여 있는 물건 혹은 무리를 이루고 있는 사람을 세는 양사. 무더기, 무리
☐☐	28	垃圾	lājī	명	쓰레기
☐☐	29	正是时候	zhèngshì shíhou		올바른 시점이다, 딱 들어맞는 때이다
☐☐	30	扫把	sàobǎ	명	빗자루
☐☐	31	中旬	zhōngxún	명	중순
☐☐	32	一直	yìzhí	부	줄곧
☐☐	33	初	chū	명	초(어떤 기간의 처음이나 초기)
☐☐	34	趁	chèn	개	(때, 기회를) 봐서, ……한 틈을 타서
☐☐	35	打开	dǎ//kāi	동	열다
☐☐	36	打扫	dǎsǎo	동	청소하다
☐☐	37	却	què	부	오히려, 반대로

문법 语法 yǔfǎ

1 동태조사 '着[zhe]'의 용법(1)

㉮ 동태조사 '着[zhe]'가 동작성이 없는 동사(형용사) 혹은 순간적으로 동작이 끝나버리는 동사의 뒤에 쓰이면 '상태의 지속'을 나타내게 된다. 예를 들어 '亮[liàng]'과 같이 동작성이 전혀 없는 동사는 처음부터 정적인 상태만 존재하기 때문에, '着[zhe]'와 결합하면 '상태의 지속'만을 나타내게 된다. '挂[guà]'의 경우에는 무엇을 어딘가에 '거는 동작(움직임)' 자체는 금방 끝나버리고 그 이후에는 물건이 가만히 걸려 있는 (정적인) 상태만 지속되기 때문에, 역시 '着[zhe]'와 결합하여 '상태의 지속'을 나타내게 된다. 이러한 경우, 문장의 끝에 '呢[ne]'를 덧붙이기도 한다.

⑴ 동작성이 없는 동사(형용사): 亮[liàng] 빛나다, 밝다

⑵ 동작이 순간적으로 끝나는 동사: 挂[guà] 걸다   放[fàng] 두다, 놓다

> **어순**   주어 + 동사 + 着[zhe] (+ 목적어) (+ 呢[ne])

屋里　灯还亮　　　　　着　　　　　　呢。
Wū li dēng hái liàng   zhe   ne.

- 墙上挂着一幅画。Qiáng shang guàzhe yì fú huà.
- 桌子上放着收音机。Zhuōzi shang fàngzhe shōuyīnjī.

㉯ 동태조사 '着[zhe]'가 동작성도 있고 정적인 상태도 표현할 수 있는 동사와 결합하면, '동작의 진행'과 '상태의 지속'이라는 두 가지 상황이 뒤섞여서 구별하기 힘들어진다. 이러한 경우에는 종종 부사 '(正)在 (zhèng)zài'와 함께 쓰이기도 한다.

> **어순**   주어 + (正)在[(zhèng)zài] + 동사 + 着[zhe] + 목적어 (+ 呢[ne])

他们　　　(正)在　　　　看　　着　　足球比赛　呢。
Tāmen   (zhèng)zài   kàn   zhe   zúqiú bǐsài   ne.

- 孩子们(正)在等着我们呢。Háizimen (zhèng)zài děngzhe wǒmen ne.
- 我们(正)在走着别人走过的路。Wǒmen (zhèng)zài zǒuzhe biérén zǒuguo de lù.

단어
- 屋里 wū li 방 안
- 灯 dēng 등
- 墙 qiáng 벽
- 幅 fú 그림 따위를 세는 양사. 폭, 점
- 画 huà 그림
- 桌子 zhuōzi 책상, 테이블
- 收音机 shōuyīnjī 라디오
- 别人 biérén 다른 사람

2 구조조사 '地[de]'의 용법

가 동사와 형용사를 앞에서 수식하는 성분인 '상어(狀语: 부사어)' 중에서 동사(형용사)의 움직임, 느낌, 색깔, 분위기, 상태 등을 구체적으로 '묘사'하는 수식어(구)에는 구조조사 '地[de]'를 붙이는 것이 일반적이다.

> **어순**　묘사성 상어(수식어) + 地[de] + 동사/형용사

　　　　他　　很高兴　　　地　　跑来了。
　　　　Tā　　hěn gāoxìng　　de　　pǎo lái le.

· 大家都静静地等着王老师。Dàjiā dōu jìngjìng de děngzhe Wáng lǎoshī.

나 상어 중에서도 시간, 장소, 개사구, 부사어 등과 같이 동사(형용사)의 동작을 '한정'하는 성격의 수식어(구)는 기본적으로 구조조사 '地'를 사용하지 않고 동사(형용사)를 직접 수식한다.

> **어순**　한정성 상어(수식어) + 동사/형용사

　　　　我　　今天早上　　　起得很早。
　　　　Wǒ　　jīntiān zǎoshang　　qǐ de hěn zǎo.

· 我在图书馆学习。Wǒ zài túshūguǎn xuéxí.

단어　　□ 大家 dàjiā 여러분　　□ 静静地 jìngjìng de 조용하게

1　가.　· 방 안에는 불이 여전히 켜져 있습니다.
　　　　　· 벽에는 그림이 한 점 걸려 있습니다.
　　　　　· 테이블 위에는 라디오가 놓여 있습니다.
　　　나.　· 그들은 축구 시합을 보고 있습니다.
　　　　　· 아이들은 우리들을 기다리고 있습니다.
　　　　　· 우리들은 다른 사람들이 걸어갔던 길을 걷고 있습니다.

2　가.　· 그는 아주 즐거운 듯이 달려 왔습니다.
　　　　　· 모두들 조용히 왕선생님을 기다리고 있습니다.
　　　나.　· 나는 오늘 아침 아주 일찍 일어났습니다.
　　　　　· 나는 도서관에서 공부합니다.

❺ 大门、窗户怎么都开着呢? Dàmén, chuānghu zěnme dōu kāizhe ne?

3 차용 동량사(2) – '跳[tiào]'

차용 동량사의 대부분은 명사에서 유래한 것이기 때문에 동사에서 유래한 '跳[tiào]'는 극히 드문 예라고 할 수 있다. '跳[tiào]'는 '뛰다', '춤추다'는 뜻의 동사이지만, 놀랐을 때 자신도 모르게 펄쩍 뛴다는 느낌을 표현하기 위하여 동량사로 차출된 것이다. 또한 이러한 차용 동량사는 '一[yī]'와만 결합하는 경향이 있다.

- 王老师吓了一大跳。Wáng lǎoshī xià le yí dà tiào.
- 你刚才的声音太大，把我吓了一跳。
  Nǐ gāngcái de shēngyīn tài dà, bǎ wǒ xià le yí tiào.

참고 차용 동량사의 어순: Step4 제4과 (60쪽)

4 '什么[shénme]……都[dōu]/也[yě]……'의 용법(1)

부사 '都[dōu]/也[yě]'의 앞에 의문대명사 '什么[shénme]'를 사용하여 특정한 분야나 범위 내에서 어떠한 예외도 없음을 나타낸다. '什么[shénme]'와 '都[dōu]/也[yě]'의 사이에는 명사(구)가 올 수도 있고, '什么[shénme]'와 '都[dōu]/也[yě]'가 직접 이어질 수도 있다.

어순 (주어) + 什么[shénme] + (명사[구]) + 都[dōu]/也[yě] + 술어

| 我 | 什么 | | 都/也 | 不怕。 |
| Wǒ | shénme | | dōu/yě | bú pà. |

- 什么困难都能克服。Shénme kùnnan dōu néng kèfú.
- 健康比什么都重要。Jiànkāng bǐ shénme dōu zhòngyào.

단어
- 困难 kùnnan 어려움, 곤란
- 克服 kèfú 극복하다
- 健康 jiànkāng 건강(하다)
- 重要 zhòngyào 중요하다

5 '很少[hěn shǎo]'의 용법

'很少[hěn shǎo]'는 구조조사 '地[de]'의 도움 없이 동사를 직접 수식할 수 있다. 이 때는 전체 문장이 비록 긍정문이라고 하더라도, '……(동사의 동작)을 하는 경우가 아주 적다'가 아니라 '……을 거의(좀처럼) 하지 않는다'와 같이 부정적으로 해석해 주는 것이 중국어의 뉘앙스에 가깝다.

어순   주어 + 很少[hěn shǎo] + 동사

最近 我　　　很少　　　看电影。
Zuìjìn wǒ　　hěn shǎo　　kàn diànyǐng.

- 我的故乡很少下雪。Wǒ de gùxiāng hěn shǎo xià xuě.

단어   □ 故乡 gùxiāng 고향   □ 下雪 xià//xuě 눈 내리다

3 · 왕선생님은 너무나 놀랐습니다.
· 조금 전 당신 목소리가 너무 커서 저를 무척 놀라게 했습니다.

4 · 나는 그 무엇도 두렵지 않습니다.
· 어떠한 어려움도 극복할 수 있습니다.
· 건강이 무엇보다도 중요합니다.

5 · 요즘 나는 영화를 거의 보지 않습니다.
· 내 고향은 눈이 거의 내리지 않습니다.

❺ 大门、窗户怎么都开着呢? Dàmén, chuānghu zěnme dōu kāizhe ne?

본문 课文 kèwén

1 장마로 눅눅해진 집안을 환기도 시키고 청소도 할 겸, 리리는 온 집안의 문이란 문은 모두 활짝 열어 두었다. 이유를 알 리 없는 경민이 리리를 만나러 왔다가 무방비 상태인 대문과 창문을 보고 도둑이 든 줄 알고 깜짝 놀란다.

(경민이 혼잣말을 한다)

金景民　奇怪，大门、窗户怎么都开着呢?
Jīn Jǐngmín　Qíguài, dàmén, chuānghu zěnme dōu kāizhe ne?

(문 앞에 서서 집안을 기웃거리는 경민을 리리가 발견한다.)

王莉莉　景民，你在我家门口探头探脑 地干什么?
Wáng Lìli　Jǐngmín, nǐ zài wǒ jiā ménkǒu tàntóu-tànnǎo de gàn shénme?

金景民　哎哟，吓我一跳。
Jīn Jǐngmín　Āiyō, xià wǒ yí tiào.

王莉莉　你快实话实说，
Wáng Lìli　Nǐ kuài shíhuà shíshuō,

做了什么坏事儿?
zuò le shénme huài shìr?

金景民　我什么坏事儿也没做。
Jīn Jǐngmín　Wǒ shénme huài shìr yě méi zuò.

Tip

'探[tàn]'은 '찾다', '탐색하다'는 뜻도 있지만, 신체 부위 명사와 결합하여 '(해당 부위)를 앞으로 내밀다'라는 동작을 나타내기도 한다. 따라서 '探头探脑[tàntóu tànnǎo]'는 무엇을 알아내기 위하여 '머리를 쑥 내밀고 이리저리 두리번거리다'라는 뜻의 관용표현이다.
예) 他把头探出窗外。
　　Tā bǎ tóu tànchū chuāngwài.
　　그는 머리를 창밖으로 쑥 내밀었다.

새로 나온 단어

奇怪	qíguài	이상하다
大门	dàmén	대문
窗户	chuānghu	창문
开	kāi	(닫힌 것을) 열다
着	zhe	상태의 지속을 나타내는 동태조사
门口	ménkǒu	입구, 현관
探头探脑	tàntóu-tànnǎo	머리를 내밀고 두리번거리며 주위를 살피다, 몰래 주위를 살피다
地	de	구조조사, 동사/형용사의 수식어를 표시한다
干	gàn	하다
吓	xià	놀라다, 놀라게 하다
跳	tiào	뛰다
实话实说	shíhuà shíshuō	사실을 있는 대로 말하다
坏	huài	나쁘다

王莉莉 那你怎么偷看我家呢？
Wáng Lìli Nà nǐ zěnme tōukàn wǒ jiā ne?

金景民 平时你们几乎都不开窗户，今天怎么了？
Jīn Jǐngmín Píngshí nǐmen jīhū dōu bù kāi chuānghu, jīntiān zěnme le?

王莉莉 你说得没错。我们的确很少开。
Wáng Lìli Nǐ shuō de méi cuò. Wǒmen díquè hěn shǎo kāi.

金景民 我还以为你家进了小偷。
Jīn Jǐngmín Wǒ hái yǐwéi nǐ jiā jìn le xiǎotōu.

王莉莉 梅雨刚过，家里太潮湿了，想换换气，
Wáng Lìli Méiyǔ gāng guò, jiāli tài cháoshī le, xiǎng huànhuan qì,

顺便来个大扫除。
shùnbiàn lái ge dàsǎochú.

金景民 怪不得你家门口有一大堆垃圾。
Jīn Jǐngmín Guàibude nǐ jiā ménkǒu yǒu yídàduī lājī.

王莉莉 你来得正是时候，这条扫把给你。
Wáng Lìli Nǐ lái de zhèngshì shíhou, zhè tiáo sàobǎ gěi nǐ.

새로 나온 단어

偷看	tōukàn	훔쳐 보다
*偷	tōu	훔치다
几乎	jīhū	거의
没错	méi cuò	틀림없다, 그렇다
的确	díquè	확실히
很少	hěn shǎo	거의 ……않다
以为	yǐwéi	……인 줄 알다, ……라고 (잘못) 생각하다
小偷	xiǎotōu	(좀)도둑
梅雨	méiyǔ	장마
刚	gāng	막, 방금, 바로
潮湿	cháoshī	습하다, 축축하다
换气	huàn//qì	환기; 환기하다
大扫除	dàsǎochú	대청소; 대청소하다
怪不得	guàibude	어쩐지
堆	duī	산처럼 쌓여 있는 물건 혹은 무리를 이루고 있는 사람을 세는 양사. 무더기, 무리
垃圾	lājī	쓰레기
正是时候	zhèngshì shíhou	올바른 시점이다, 딱 들어맞는 때이다
扫把	sàobǎ	빗자루

❺ 大门、窗户怎么都开着呢？ Dàmén, chuānghu zěnme dōu kāizhe ne?

❷ 日记 Rìjì

日期	七月五日 星期六	天气	晴
Rìqī	qīyuè wǔ rì xīngqīliù	Tiānqì	qíng

从六月中旬开始一直下雨下到
Cóng liùyuè zhōngxún kāishǐ yìzhí xià yǔ xià dào
六月底，到了七月初天气开始转晴
liùyuèdǐ, dào le qīyuèchū tiānqì kāishǐ zhuǎn qíng
了。莉莉和张明趁这个机会想来个
le. Lìli hé Zhāng Míng chèn zhè ge jīhuì xiǎng lái ge
大扫除，为了换气就把大门和窗户
dàsǎochú, wèile huànqì jiù bǎ dàmén hé chuānghu
都打开了。我却不知道她们在打扫，
dōu dǎkāi le. Wǒ què bù zhīdào tāmen zài dǎsǎo,
还以为她们家里进了小偷。
hái yǐwéi tāmen jiāli jìn le xiǎotōu.

새로 나온 단어

中旬	zhōngxún	중순
一直	yìzhí	줄곧
初	chū	초(어떤 기간의 처음이나 초기)
趁	chèn	(때, 기회를) 봐서, ……한 틈을 타서

打开	dǎ//kāi	열다
打扫	dǎsǎo	청소하다
却	què	오히려, 반대로

문형연습 句型练习 jùxíng liànxí   기본문형 익히기

她家的窗户开着呢。
Tā jiā de chuānghu kāizhe ne.

바꿔 봅시다!

她家的大门开 tā jiā de dàmén kāi

她在椅子上坐 tā zài yǐzi shang zuò

她在沙发上躺 tā zài shāfā shang tǎng

我什么也没做。
Wǒ shénme yě méi zuò.

바꿔 봅시다!

吃 chī

喝 hē

看 kàn

단어 □ 椅子 yǐzi 의자 □ 沙发 shāfā 소파 □ 躺 tǎng 눕다

❺ 大门、窗户怎么都开着呢? Dàmén, chuānghu zěnme dōu kāizhe ne?

我们几乎都不开窗户。
Wǒmen jīhū dōu bù kāi chuānghu.

바꿔 봅시다!

吃猪肉 chī zhūròu

喝酒 hē jiǔ

坐电梯 zuò diàntī

我们的确很少开窗户。
Wǒmen díquè hěn shǎo kāi chuānghu.

바꿔 봅시다!

吃猪肉 chī zhūròu

喝酒 hē jiǔ

坐电梯 zuò diàntī

연습문제 练习 liànxí

听 tīng 듣기

1. 남녀의 대화 내용에 근거하여 정답을 찾으시오.

   (1) A 笔　　　　　　　　B 伞　　　　　　　　C 衬衫

   (2) A 开门　　　　　　　B 开空调　　　　　　C 开窗户

   (3) A 让男的一个人去饭馆儿　B 让男的帮助大扫除　C 明天可以不打扫

   (4) A 常吃中国菜　　　　B 不常吃中国菜　　　C 每天都要吃中国菜

2. 녹음을 잘 듣고 주어진 명제의 옳고 그름을 판단하시오.

   (1) ★ 现在可能是梅雨季。　　　　　　　（　　）

   (2) ★ 我家的钱都被小偷偷走了。　　　　（　　）

   (3) ★ 周末我去逛街。　　　　　　　　　（　　）

   (4) ★ 昨天是我的生日。　　　　　　　　（　　）

단어　□ 梅雨季 méiyǔjì 장마철　□ 最好 zuìhǎo 가능하다면　□ 答应 dāying 승락하다

❺ 大门、窗户怎么都开着呢? Dàmén, chuānghu zěnme dōu kāizhe ne?

阅读 yuèdú 읽기

1. 보기에서 적당한 단어를 골라 빈칸을 채우시오.

   보기: 以为　着　趁　却　几乎

   (1) 饭菜凉了不好吃，你们快(　　)热吃吧。

   (2) 他让我们不要迟到，可是他(　　)迟到了。

   (3) 穿(　　)蓝衬衫的那个人是谁?

   (4) 图书馆里这个时间(　　)没有人。

   (5) 我(　　)他们还没走呢。

   단어: 凉 liáng 식다, 차가워지다

2. ABC를 순서에 맞게 배치하시오.

   (1) A 他还让我趁热吃
       B 就买了一些包子来看我
       C 小明听说我生病了　　　　　_____

   (2) A 最近姐姐为了减肥
       B 妈妈担心她会生病
       C 很少吃东西　　　　　　　_____

   (3) A 妈妈说要大扫除
       B 顺便还给了我们每个人一条扫把
       C 让我和姐姐先去把窗户和大门打开　_____

   단어: 包子 bāozi (왕)만두

说 shuō 말하기

다음 질문에 답하시오.

(1) 你家大扫除的时候，你负责打扫什么?

→ _____

(2) 你有没有偷看过别人的日记?

→ _____

(3) 韩国的梅雨季是什么时候?

→ _____

> **단어**
> - 负责 fùzé 책임지다
> - 别人 biérén 남, 타인
> - 梅雨季 méiyǔjì 장마철

写 xiě 쓰기

1. 주어진 단어를 중국어의 어순에 맞게 다시 배열하시오.

(1) 旅游 / 我也 / 去中国 / 趁 / 想 / 这个机会

→ _____

(2) 吃 / 他姐姐 / 很少 / 东西 / 的确

→ _____

(3) 我 / 进了 / 以为 / 还 / 家里 / 小偷

→ _____

(4) 了 / 钱包 / 小偷 / 被 / 偷走

→ _____

2. 다음을 중국어로 작문하시오.

(1) 대문이 왜 열려 있습니까?

→ _____

(2) 당신은 두리번거리면서 뭘 하십니까?

→ _____

(3) 그는 지금까지 아무것도 먹지 않았습니다.

→ _____

(4) 그는 소고기를 거의 먹지 않습니다.

→ _____

(5) 엄마는 주말을 이용해 대청소를 하려고 합니다.

→ _____

第六课

전반부 총복습

- 본문 복습
- 새로 나온 단어
- 문법 사항 복습

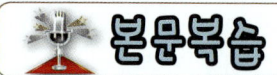 본문복습

亲爱的爸爸妈妈：
Qīn'ài de bàba māma:

你们好！你们身体还好吧？
Nǐmen hǎo! Nǐmen shēntǐ hái hǎo ba?

我已经放暑假了。毕业之前，
Wǒ yǐjing fàng shǔjià le. Bìyè zhīqián,

为了体验一下在韩国打工的生活，
wèile tǐyàn yíxià zài Hánguó dǎgōng de shēnghuó,

我放弃了回国和你们相聚。
wǒ fàngqì le huíguó hé nǐmen xiāngjù.

五月份我搬家了。这次搬的新
Wǔyuèfèn wǒ bānjiā le. Zhè cì bān de xīn

家虽然离学校有点儿远，但是租金
jiā suīrán lí xuéxiào yǒudiǎnr yuǎn, dànshì zūjīn

比学校附近的便宜，而且走路上学
bǐ xuéxiào fùjìn de piányi, érqiě zǒulù shàngxué

새로 나온 단어

亲爱 qīn'ài	친애하다	
放 fàng	(학교 혹은 직장이) 파하다, (물건 따위를) 두다, 놓다	
之前 zhīqián	……전	
体验 tǐyàn	체험; 체험하다	
打工 dǎ//gōng	아르바이트를 하다	
生活 shēnghuó	생활; 생활하다	
放弃 fàngqì	포기하다	
回国 huí//guó	귀국하다	
相聚 xiāngjù	함께 모이다	

还可以锻炼身体，我和同屋张明都很满意，你们可以放心。
祝你们身体健康！

女儿 莉莉

七月十日

새로 나온 단어

| 满意 | mǎnyì | 만족하다 | 放心 | fàng//xīn | 마음을 놓다, 안심하다 |

문법 사항 복습

A. 동사 '有[yǒu]'를 포함하는 연동문

> 두 번째 동사가 '有[yǒu]'의 목적어를 뒤에서 수식하는 형태의 문형이다.
> 어순: 주어 + 有[yǒu] (동사₁) + 목적어₁ + (기타성분: 조동사/개사구) + 동사₂

❶ 저는 하고 싶은 말이 있습니다. ⇨

❷ 저는 해야 할 숙제가 있습니다. ⇨

❸ 그의 집에는 먹을 밥이 없습니다. ⇨

❹ 그는 요즘 쓸 돈이 없습니다. ⇨

❺ 제 쪽에 마실 물이 있습니다. ⇨

B. '被[bèi]'자문의 용법

> 주어가 동작 행위의 대상 혹은 피해자가 되는 문형으로, 행위자는 필요에 따라 생략할 수도 있다.
> 어순: 주어(피해자/동작의 대상) + 被[bèi] (+ 행위자) + 동사 + 기타 성분

❶ 컵이 깨졌습니다. ⇨

❷ 컵은 깨지지 않았습니다. ⇨

❸ 제 지갑은 도둑맞았습니다. ⇨

❹ 제 지갑은 도둑맞지 않았습니다. ⇨

❺ 그는 자전거에 치여 넘어졌습니다. ⇨

❻ 그는 하마터면 자전거에 치여 넘어질 뻔했습니다. ⇨

C. 비전형적인 사역문

> 전형적인 사역동사('让[ràng]', '叫[jiào]', '使[shǐ]')가 아니더라도 '建议[jiànyì]', '要求[yāoqiú]', '劝[quàn]', '命令[mìnglìng]' 등과 같은 동사들은 의미적으로 사역의 뉘앙스(……에게 ……하도록 ……하다)를 가지고 있기 때문에 비전형적인 사역문을 만들 수 있다.

❶ 그는 나에게 많이 걸어 보라고 건의합니다. ⇨ _____

❷ 의사는 나에게 채소를 많이 먹으라고 건의합니다. (蔬菜 shūcài: 채소)

⇨ _____

❸ 우리들은 선생님에게 좀 천천히 말하라고 건의합니다. (慢 màn: [속도가] 느리다)

⇨ _____

❹ 회사에서는 나에게 중국으로 출장을 가라고 요구합니다. (要求 yāoqiú: 요구하다)

⇨ _____

❺ 그는 나에게 떠나지 말라고 요구합니다.

⇨ _____

D. 동사 '怕[pà]'의 용법

> '두려워하다'라는 원래의 뜻에서 출발하여 '걱정하다', '신경쓰다'로 그 의미가 확장되었다.
> 어순: 怕[pà] + 형용사(구)/동사(구)/주술구

❶ 제 여자 친구는 개를 무척 무서워합니다. ⇨ _____

❷ 저는 아버지를 가장 무서워합니다. ⇨ _____

❸ 그들은 내가 그 일을 알까 봐 걱정입니다. ⇨ _____

❹ 저는 내일 아침에 못 일어날까 봐 걱정입니다. ⇨ _____

❺ 나는 (거리가) 먼 것은 걱정하지 않습니다. ⇨ _____

E. 복합 방향보어의 용법

'A'(来/去)와 'B'(上/下, 进/出, 回, 过, 起, 开)가 'B+A'의 형태로 결합하여 동사의 뒤에 쓰여서 동사의 동작 방향을 지시. 일반적으로는 '어순1'과 '어순2'의 어느 쪽을 선택해도 틀리지 않지만, 동작이 이미 실현된 상태에서는 '어순2'를 선택하는 경향이 있다. 목적어가 장소 명사라면 '어순3'을 사용한다.

어순1: 주어 + 동사 + 'B' + 목적어 + 'A'
어순2: 주어 + 동사 + 'B' + 'A' + 목적어
어순3: 주어 + 동사 + 'B' + 목적어(장소) + 'A'

❶ 그들은 교실 안으로 뛰어 들어갔습니다. (跑 pǎo: 달리다)
  ⇨

❷ 작은 새가 교실 안으로 날아 들어왔습니다. (小鸟 xiǎoniǎo: 작은 새)
  ⇨

❸ 작은 새가 하늘로 날아 올라갔습니다. (天 tiān: 하늘)
  ⇨

❹ 식사를 마친 후, 그들은 모두 기숙사로 뛰어서 돌아갔습니다.
  ⇨

F. '把[bǎ]'자문(把字句)(1)의 용법: '把'자문의 특징

첫째, '把'자문의 술어 동사는 대부분 뒤에 '결과보어', '방향보어', '동태조사' 등을 동반한다.
둘째, '목적어'는 모두 알고 있는 어떤 것(내용)이어야 한다.
셋째, 부정사와 조동사는 '把'의 앞에 위치한다.
어순: 주어 + 把[bǎ] + 목적어 + 동사 + 기타성분(결과보어, 조사, 방향보어 등)

❶ 그가 그 컵을 깨뜨렸습니다. ⇨

❷ 누가 그 책을 가져갔습니까? ⇨

❸ 당신은 오늘의 숙제를 다 했습니까? ⇨

❹ 그는 새로 찍은 사진을 가져왔습니다. ⇨

❺ 그는 새로 찍은 사진을 가져오지 않았습니다. ⇨

G. 결과보어 '在[zài]'의 용법

> 행위의 주어(혹은 동사의 목적어)가 동사의 동작이 이루어진 다음 최종적으로 도달하게 되는 장소를 표시한다.
> 어순: 주어 + 동사 + 在[zài] + 장소

❶ 새로 찍은 사진을 이력서에 붙이세요. ⇨ [　　　　]

❷ 의자에 앉아 주세요.(椅子 yǐzi: 의자) ⇨ [　　　　]

❸ 앞에 서 주세요.(站 zhàn: 서다) ⇨ [　　　　]

❹ 그는 내가 그에게 준 책을 책상 위에 두었습니다. ⇨ [　　　　]

❺ 저의 여동생은 어제 산 옷을 침대 위에 두었습니다.(床 chuáng: 침대)
　⇨ [　　　　]

❻ 그녀의 남동생은 침대에 누웠습니다.(躺 tǎng: 눕다) ⇨ [　　　　]

❼ 엄마는 의자에 앉았습니다. ⇨ [　　　　]

❽ 이력서에 붙인 이 사진은 언제 찍은 겁니까? ⇨ [　　　　]

❾ 의자에 앉아 있는 이 강아지는 누구의 강아지입니까? ⇨ [　　　　]

H. 복합 방향보어 '起来[qǐlái]'의 파생의

> 화자가 특정한 사물 혹은 개념에 대하여 자신의 인상, 평가, 판단, 의견, 느낌 등을 진술하는 용법. '……하자면', '……해 보니' 정도로 해석할 수 있으며, 주로 '做[zuò]', '看[kàn]', '说[shuō]', '听[tīng]' 등과 함께 쓰이고, '경성'으로 발음한다.

❶ 그는 늙어 보입니다. ⇨ [　　　　]

❷ 그 셔츠는 커 보입니다. ⇨ [　　　　]

❸ 그가 입은 청바지는 비싸 보입니다.(牛仔裤 niúzǎikù: 청바지)
　⇨ [　　　　]

❹ 중국어는 배우기 어렵습니다. ⇨ [　　　　]

❺ 그 일은 하기에 어렵습니다. ⇨ [　　　　]

I. '是不是[shì bu shì]'를 활용한 의문문

'是不是'가 문장의 첫머리, 가운데 혹은 마지막에 위치하여 화자가 자신의 추측, 판단, 견해 등에 대하여 상대방에게 확인하는 느낌을 표현하는 의문문. '……이지요?' 혹은 '……이 아닌가요?' 정도의 뉘앙스를 가진다.

❶ 그녀는 이미 돌아간 거 아닌가요? ⇨

❷ 그녀는 (이름이) 왕리리라고 하지 않나요? ⇨

❸ 당신들이 이사한 새 집은 학교에서 좀 멀지 않나요?

⇨

❹ 이 셔츠는 너무 비싸지 않나요? ⇨

❺ 중국어는 배우기에 너무 어렵지 않나요? ⇨

J. 양보복문 – '虽然[suīrán] + P, 但是[dànshì] + Q'의 용법

'비록 (P)하기는 하지만, (Q)하다'는 양보의 의미를 표현한다.
어순: 虽然[suīrán] + P(종속절), 但是[dànshì] + Q(주절)

❶ 비록 저는 중국요리 먹는 것을 좋아하지만, 만들 줄은 모릅니다.

⇨

❷ 비록 중국어는 배우기 쉽지는 않지만, 재미있습니다.

⇨

❸ 비록 엄마가 만든 요리는 맛이 없지만, 아빠는 엄마가 만든 요리만 먹습니다.

⇨

❹ 비록 그는 그녀를 좋아하지 않지만, 그녀는 여전히 그를 좋아합니다.

⇨

❺ 비록 할아버지는 매일 아침 공원에 몸을 단련하러 가지만, 할아버지는 여전히 뚱뚱합니다.
(公园 gōngyuán: 공원)

⇨

K. 동태조사 '着[zhe]'의 용법(1)

> 가. 동작성이 없는 동사(亮[liàng])나 형용사 혹은 순간적으로 동작이 끝나버리는 동사(挂[guà], 放[fàng]) 등의 뒤에 쓰여서 '상태의 지속'을 표현. 이러한 경우, 문장의 끝에 '呢[ne]'를 덧붙이기도 한다.
>
> 어순: 주어 + 동사 + 着[zhe] (+ 목적어 + 呢[ne])
>
> 나. 동작성도 있고 정적인 상태도 표현할 수 있는 동사와 결합하면, 종종 부사 '(正)在(zhèng)zài'와 함께 쓰이기도 한다.
>
> 어순: 주어 + (正)在[(zhèng)zài] + 동사 + 着[zhe] + 목적어 (+ 呢[ne])

❶ 책상 위에 책이 한 권 놓여 있습니다.(桌子 zhuōzi: 책상, 테이블)
⇨

❷ 당신 집 대문이 왜 열려 있습니까? ⇨

❸ 제가 왔을 때, 창문이 열려 있었습니다. ⇨

❹ 서 있으세요.(站 zhàn: 서다) ⇨

❺ 앉아 있으세요. ⇨

L. '什么[shénme]……都[dōu]/也[yě]……'의 용법

> 특정한 분야나 범위 내에서 어떠한 예외도 없음을 표현한다.
>
> 어순: (주어) + 什么[shénme] (+ 명사[구]) + 都[dōu]/也[yě] + 술어

❶ 저는 아무 것도 두렵지 않습니다. ⇨

❷ 할머니는 아무 것도 먹고 싶어하지 않습니다. ⇨

❸ 할아버지는 무엇이든지 먹고 싶어합니다. ⇨

❹ 그 사람은 아무 곳에도 가고 싶어하지 않습니다. ⇨

❺ 그 사람은 어디든지 가고 싶어합니다. ⇨

M. '很少[hěn shǎo]'의 용법

> 전체 문장이 긍정문이라고 하더라도, '……(동사의 동작)을 하는 경우가 아주 적다'가 아니라 '……을 거의(좀처럼) 하지 않는다'와 같이 부정적으로 해석해 주는 것이 중국어의 뉘앙스에 가깝다. 문법적으로는 구조조사 '地[de]'의 도움 없이 동사를 직접 수식한다는 특징이 있다.
>
> 어순: 주어 + 很少[hěn shǎo] + 동사

❶ 남동생은 학교에 거의 가지 않습니다. ⇨

❷ 누나는 저녁밥을 거의 먹지 않습니다. ⇨

❸ 우리 오빠는 커피를 거의 마시지 않습니다. ⇨

❹ 상하이에는 거의 눈이 내리지 않습니다. ⇨

❺ 요즘 거의 비가 내리지 않습니다. ⇨

第七课

孩子哭着哭着就睡着了。

Háizi kūzhe kūzhe jiù shuìzháo le.

학습목표

점층표현의 '又[yòu]'
地铁里人多天又热。Dìtiě li rén duō tiān yòu rè.

시량보어(2)
你刚才走了一个多小时的路。
Nǐ gāngcái zǒu le yí ge duō xiǎoshí de lù.

부사 '就[jiù]'의 용법
就一个多小时。Jiù yí ge duō xiǎoshí.

동태조사 '着[zhe]'의 용법(2)
孩子哭着哭着就睡着了。Háizi kūzhe kūzhe jiù shuìzháo le.

결과보어 '着[zháo]'의 용법
孩子哭着哭着就睡着了。Háizi kūzhe kūzhe jiù shuìzháo le.

강조구문 '连[lián]……都[dōu]/也[yě]'의 용법(2)
连一个空位子都没有。Lián yí ge kōng wèizi dōu méiyǒu.

'把[bǎ]'자문(把字句)(2) – 절대적 '把[bǎ]'자문
莉莉却把位子让给了背着孩子的阿姨。
Lìli què bǎ wèizi ràng gěi le bēizhe háizi de āyí.

단어 生词 shēngcí

☐☐ 01	孩子	háizi	명 어린이, 아이

*小男孩 xiǎonánhái 명 남자 아이

☐☐ 02	哭	kū	동 울다
☐☐ 03	闹	nào	동 아우성치다
☐☐ 04	地铁	dìtiě	명 지하철
☐☐ 05	受不了	shòubuliǎo	견딜 수 없다
☐☐ 06	座位	zuòwèi	명 좌석
☐☐ 07	背	bēi	동 업다
☐☐ 08	阿姨	āyí	명 아주머니
☐☐ 09	让	ràng	동 양보하다
☐☐ 10	刚才	gāngcái	부 방금
☐☐ 11	没事儿	méishìr	상관없다, 괜찮다
☐☐ 12	脚	jiǎo	명 발
☐☐ 13	可爱	kě'ài	형 귀엽다
☐☐ 14	咬	yǎo	동 물다
☐☐ 15	口	kǒu	양 입과 관련 있는 동작의 횟수를 세는 (차량) 동량사. 입, 모금, 마디
☐☐ 16	闻	wén	동 (냄새를) 맡다
☐☐ 17	臭味	chòuwèi	명 악취

*臭 chòu 형 (냄새 따위가) 구리다, (나쁜) 냄새가 나다

| □□ 18 | 放屁 | fàng//pì | 동 | 방귀를 뀌다 |
| □□ 19 | 大便 | dàbiàn | 명 대변; 동 대변을 보다 |

*小便 xiǎobiàn 명 소변; 동 소변을 보다

□□ 20	尿布	niàobù	명	기저귀
□□ 21	徒步大会	túbù dàhuì	명	걷기 대회
□□ 22	位子	wèizi	명	자리
□□ 23	幸运	xìngyùn	형	운이 좋다, 행운이다
□□ 24	赶紧	gǎnjǐn	부	서둘러

잠깐 틀리기 쉬운 표현

사역 동사 '让 ràng'과 일반 동사 '让 ràng'

'让 ràng'에는 '……에게 ……하도록 시키다'는 사역 용법과 '양보하다'는 일반 동사의 용법이 있다. 문장 속에서 '让'이 사역문을 구성하는지 아니면 일반 동사로 쓰였는지는 해당 문장을 보고 독자 스스로 판단하는 수밖에 없다. 간혹 두 가지 용법이 한 문장 속에 같이 등장하는 경우도 있으므로 해석할 때 주의하도록 하자.

사역문: **老师让我念课文**。 선생님이 나에게 본문을 읽으라고 하셨다.

일반 동사: **你让一步吧**。 네가 한 발 양보해라.

사역+일반동사: **老师让我让座**。 선생님이 나에게 자리를 양보하라고 시켰다.

❼ 孩子哭着哭着就睡着了。 Háizi kūzhe kūzhe jiù shuìzháo le.

문법 语法 yǔfǎ

1 점층표현의 '又[yòu]'

'A'와 'B'가 '又[yòu]'를 중심으로 결합하여 'A'에서 'B'로 상황이나 상태가 점점 더 악화되거나 더욱 좋은 방향으로 개선됨을 나타낸다. 이 때, '又[yòu]'는 일반적인 반복의 뜻이 아니므로 '게다가', '더군다나' 정도로 해석되며, 'A'와 'B'의 주어가 서로 다른 경우도 있다.

> 어순   A + 又[yòu] + B

- 时间太晚了，外面又下着雨，我们明天去吧!
  Shíjiān tài wǎn le, wàimiàn yòu xiàzhe yǔ, wǒmen míngtiān qù ba!

- 肚子饿了，家里又没有吃的，怎么办才好呢?
  Dùzi è le, jiāli yòu méiyǒu chī de, zěnme bàn cái hǎo ne?

2 시량보어(2)

동작의 지속 시간을 표시하는 시량보어는 일반적인 어순 '주어+동사+목적어+동사+시량보어' 이외에도, 시량보어가 목적어를 직접 수식하는 형태의 어순으로도 표현할 수 있다.

> 어순   주어 + 동사 + 시량보어 (+ 的[de]) + 목적어

    昨天 我 打了 一个半小时 （的） 电话。
    Zuótiān wǒ dǎ le yí ge bàn xiǎoshí (de) diànhuà.

- 开了半天(的)会，下午我才回到公司。
  Kāi le bàntiān (de) huì, xiàwǔ wǒ cái huídào gōngsī.

 시량보어(1): Step2 제1과 (13쪽)

단어   □肚子 dùzi (인체의) 배   □开会 kāi//huì 회의하다, 회의를 열다   □公司 gōngsī 회사

3 부사 '就[jiù]'의 용법

부사 '就[jiù]'는 수량사를 포함하는 문장에서 수량, 횟수, 인원, 시간 따위가 극히 적거나 얼마 되지 않음을 강조한다. 의미적으로는 부사 '只[zhǐ] 오직, ~뿐'과 같은 뜻이 되는데, 문장 속의 다른 성분보다 강하게 발음한다.

- 她就(有)一个儿子。Tā jiù (yǒu) yí ge érzi.
- 这次聚会，就我一个人没去。Zhè cì jùhuì, jiù wǒ yí ge rén méi qù.

4 동태조사 '着[zhe]'의 용법(2)

구조적으로는 동태조사 '着[zhe]'를 동반하는 동사(A)가 두 번 연속 등장한 다음 제2의 동사(B)가 이어진다. 의미적으로는 'A'의 동작을 계속하고 있는 와중에 'B'의 동작이 발생하고, 그 과정에서 'A'의 동작은 자연스럽게 소멸됨을 표현한다.

> **어순** 주어 + 동사₁(A) + 着[zhe] + 동사₁(A) + 着[zhe] + 동사₂(B) + 목적어

- 我们说着说着不知不觉就到了学校门口了。
  Wǒmen shuōzhe shuōzhe bùzhī bùjué jiù dào le xuéxiào ménkǒu le.
- 走着走着太阳就升起来了。Zǒuzhe zǒuzhe tàiyáng jiù shēng qilai le.

참고 동태조사 '着[zhe]'의 용법(1): Step4 제5과 (76쪽)

단어
- 儿子 érzi 아들 □ 聚会 jùhuì 모임 □ 不知不觉 bùzhī bùjué 자신도 모르는 사이에, 부지불식간에
- 门口 ménkǒu 입구 □ 太阳 tàiyáng 해, 태양 □ 升 shēng 떠오르다

---

1. · 시간이 너무 늦었어요. 게다가 바깥에는 비도 내리고 있고, 우리 내일 갑시다.
   · 배가 고픈데, 더군다나 집안에는 먹을 것도 없으니 어떻게 해야 하나요?
2. · 어제 나는 전화를 한 시간 반 했습니다.
   · 회의를 반나절 동안 하고서야 오후에 나는 비로소 회사로 돌아왔습니다.
3. · 그녀는 오직 아들 하나 뿐입니다.
   · 이번 모임에는 나 혼자만 안 갔습니다.
4. · 이야기를 하다 보니 우리들은 어느 틈엔가 학교 정문에 도착했습니다.
   · 걸어가다 보니 태양이 떠오르기 시작했다.

❼ 孩子哭着哭着就睡着了。Háizi kūzhe kūzhe jiù shuìzháo le.

5 결과보어 '着[zháo]'의 용법

'着[zháo]'는 타동사의 뒤에서 결과보어로 작용하여 동작의 목적이 달성되었음을 나타낸다. 또한 동사의 동작을 통하여 화자가 얻고자 하는 최종적인 결과에 도달하였음을 표시하기도 한다.

- 我的钱包找着了。Wǒ de qiánbāo zhǎozháo le.
- 这个谜语，你猜得着猜不着？ Zhè ge míyǔ, nǐ cāidezháo cāibuzháo?

6 강조구문 '连[lián]……都[dōu]/也[yě]'의 용법(2)

포함되는 사람 혹은 사물 중에서도 오직 하나의 수량만을 '连[lián]'과 '都[dōu]/也[yě]'의 사이에 삽입하여 '심지어 단 한 개의 ……조차도 ……하지 않는다'는 극단적인 강조의 뜻을 표현한다. '连[lián]'과 '都[dōu]/也[yě]'의 사이에는 수사 '一[yī]'를 포함하는 '一+양사+명사', 술어에는 '부정형' 만 올 수 있다.

> **어순** 连[lián] + 一[yī] + 양사 + 명사 + 都[dōu]/也[yě] + 不/没(有) + 동사(형용사)

- 教室里连一个学生都/也没有。Jiàoshì li lián yí ge xuésheng dōu/yě méiyǒu.
- 这个月我连一天都/也没休息过。Zhè ge yuè wǒ lián yì tiān dōu/yě méi xiūxiguo.
- 这些英文，我连一个字都/也看不懂。
  Zhèxiē Yīngwén, wǒ lián yí ge zì dōu/yě kàn bu dǒng.

> **참고** '连[lián]……都[dōu]/也[yě]'의 용법(1): Step2 제13과 (152쪽)

7 '把[bǎ]'자문(把字句)(2) - 절대적 '把[bǎ]'자문

동사의 뒤에 위치하는 목적어를 '把[bǎ]'를 활용하여 동사의 앞으로 이동시켜서 표현하는 문형을 '把[bǎ]'자문이라고 정의하였다.(Step4 제3과) 달리 표현하면, 조건에 맞는 평서문은 '把[bǎ]'자문 으로 바꿀 수 있고, 그 역도 성립한다는 뜻이다. 그렇지만 중국어에는 구조적인 문제로 인하여 오 직 '把[bǎ]'자문의 형태로만 존재할 수 있는 문형이 있는데, 이를 절대적 '把[bǎ]'자문이라고 한다. 다음은 절대적 '把[bǎ]'자문으로만 존재할 수 있는 대표적인 예들이다.

> **단어** □ 钱包 qiánbāo (돈)지갑   □ 谜语 míyǔ 수수께끼   □ 英文 Yīngwén 영문   □ 懂 dǒng 이해하다

가 어순 　주어 (+ 조동사) + 把[bǎ] + 목적어 + 동사 + 在[zài]/到[dào] + 장소

　　　我　　打算　　把　　我的旧床　　搬　　　到　　弟弟家去。
　　　Wǒ　　dǎsuan　bǎ　wǒ de jiùchuáng　bān　　dào　　dìdi jiā qù.

- 你不要把你的书放在我的桌子上。Nǐ búyào bǎ nǐ de shū fàngzài wǒ de zhuōzi shang.

나 어순 　주어 (+ 조동사) + 把[bǎ] + 목적어 + 동사 + 给[gěi] + 대상(사람)

　　　我　　想　　把　　这本书　　送　　给　　朋友。
　　　Wǒ　　xiǎng　bǎ　zhè běn shū　sòng　gěi　péngyou.

- 弟弟把我的秘密说给妈妈听了。Dìdi bǎ wǒ de mìmì shuō gěi māma tīng le.

참고 '把[bǎ]'자문(1): Step4 제3과 (44쪽)

단어　　□ 床 chuáng 침대　　□ 桌子 zhuōzi 책상, 테이블　　□ 秘密 mìmì 비밀

5
- 내 돈지갑을 찾았습니다.
- 이 수수께끼, 당신은 맞힐 수 있습니까 없습니까?

6
- 교실에는 학생이 단 한 명도 없습니다.
- 이번 달에 나는 단 하루도 쉰 적이 없습니다.
- 이 영문은 나는 단 한 글자도 알아볼 수 없습니다.

7 가.
- 나는 내 낡은 침대를 남동생 집으로 옮길 생각입니다.
- 당신 책을 내 책상 위에 두지 마십시오.

나.
- 나는 이 책을 친구에게 주려고 합니다.
- 남동생은 내 비밀을 엄마에게 말해서 듣게 하고 말았습니다.

❼ 孩子哭着哭着就睡着了。Háizi kūzhe kūzhe jiù shuìzháo le.

본문 课文 kèwén

1 경민과 리리 두 사람은 한강공원에서 열린 걷기 대회에 참가한 다음, 귀갓길에 만원 지하철에 올라탔다가 아기를 업고 서 있는 아주머니를 발견한다.

金景民　那个孩子大哭大闹的，怎么了？
Jīn Jǐngmín　Nà ge háizi dà kū dà nào de, zěnme le?

王莉莉　地铁里人多天又热，可能受不了了吧？
Wáng Lìli　Dìtiěli rén duō tiān yòu rè, kěnéng shòubuliǎo le ba?

金景民　莉莉，有座位了，快坐下。
Jīn Jǐngmín　Lìli, yǒu zuòwèi le, kuài zuòxià.

王莉莉　还是给那个背着孩子的阿姨让座吧。
Wáng Lìli　Háishi gěi nà ge bēizhe háizi de āyí ràng zuò ba.

(아기를 업은 아주머니가 빈 자리에 앉는 것을 확인하고, 두 사람은 계속 선 채 이야기를 나눈다.)

金景民　你刚才走了一个多小时的路，不累吗？
Jīn Jǐngmín　Nǐ gāngcái zǒu le yí ge duō xiǎoshí de lù, bú lèi ma?

王莉莉　就一个小时，没事儿。
Wáng Lìli　Jiù yí ge xiǎoshí, méishìr.

새로 나온 단어

孩子	háizi	어린이, 아이
*小男孩	xiǎonánhái	남자 어린이
哭	kū	울다
闹	nào	아우성치다
地铁	dìtiě	지하철
受不了	shòubuliǎo	견딜 수 없다

座位	zuòwèi	좌석
背	bēi	업다
阿姨	āyí	아주머니
让	ràng	양보하다
刚才	gāngcái	방금
没事儿	méishìr	상관없다, 괜찮다

(아이의 울음 소리가 잦아들다 더 이상 들리지 않는다.)

金景民　孩子哭着哭着就睡着了。
Jīn Jǐngmín　Háizi kūzhe kūzhe jiù shuìzháo le.

王莉莉　手脚小小的，太可爱了。
Wáng Lìli　Shǒujiǎo xiǎoxiǎo de, tài kě'ài le.

金景民　我真想咬他一口。
Jīn Jǐngmín　Wǒ zhēn xiǎng yǎo tā yì kǒu.

王莉莉　景民，你有没有闻到什么臭味?
Wáng Lìli　Jǐngmín, nǐ yǒu meiyǒu wéndào shénme chòuwèi?

金景民　好像那个小男孩放屁了。
Jīn Jǐngmín　Hǎoxiàng nà ge xiǎonánhái fàngpì le.

王莉莉　不，他大便了。你看他妈妈正在给他换尿布呢。
Wáng Lìli　Bù, tā dàbiàn le. Nǐ kàn tā māma zhèngzài gěi tā huàn niàobù ne.

새로 나온 단어

脚	jiǎo	발
可爱	kě'ài	귀엽다
咬	yǎo	물다
口	kǒu	입과 관련 있는 동작의 횟수를 세는 (차량) 동량사. 입, 모금, 마디
闻	wén	(냄새를) 맡다
臭味	chòuwèi	악취
*臭	chòu	(냄새 따위가) 구리다, (나쁜) 냄새가 나다
放屁	fàng//pì	방귀를 뀌다
大便	dàbiàn	대변; 대변을 보다
*小便	xiǎobiàn	소변; 소변을 보다
尿布	niàobù	기저귀

❼ 孩子哭着哭着就睡着了。Háizi kūzhe kūzhe jiù shuìzháo le.

❷ 日记 Rìjì

日期　七月十三日　星期天　　　天气　晴
Rìqī　qīyuè shísān rì　xīngqītiān　　Tiānqì　qíng

徒步大会结束后，我和莉莉坐地铁回家。没想到地铁里人很多，连一个空位子都没有。不过，很幸运，没走几站就有了空位子。我赶紧叫莉莉坐下，莉莉却把位子让给了背着孩子的阿姨。

Túbù dàhuì jiéshù hòu, wǒ hé Lìli zuò dìtiě huíjiā. Méi xiǎngdào dìtiě li rén hěn duō, lián yí ge kōng wèizi dōu méiyǒu. Búguò, hěn xìngyùn, méi zǒu jǐ zhàn jiù yǒu le kōng wèizi. Wǒ gǎnjǐn jiào Lìli zuò xià, Lìli què bǎ wèizi ràng gěi le bēizhe háizi de āyí.

새로 나온 단어

徒步大会　túbù dàhuì　걷기 대회	幸运　xìngyùn　운이 좋다, 행운이다
位子　wèizi　자리	赶紧　gǎnjǐn　서둘러

문형연습 句型练习 jùxíng liànxí　　기본문형 익히기

孩子哭着哭着就睡着了。
Háizi kūzhe kūzhe jiù shuìzháo le.

바꿔 봅시다!

女儿说着说着 nǚ'ér shuōzhe shuōzhe
我想着想着 wǒ xiǎngzhe xiǎngzhe
孩子走着走着 háizi zǒuzhe zǒuzhe

바꿔 봅시다!

不哭了 bù kū le
觉得高兴 juéde gāoxìng
摔倒了 shuāidǎo le

就一个小时，没事儿。
Jiù yí ge xiǎoshí, méishìr.

바꿔 봅시다!

十块钱 shí kuài qián
他一个人 tā yí ge rén
四五站 sì wǔ zhàn

단어	▫ 摔倒 shuāidǎo (균형을 잃고) 넘어지다

连一个空位子都没有。
Lián yí ge kōng wèizi dōu méiyǒu.

바꿔 봅시다!

男孩 nánhái

女孩 nǚhái

人 rén

她把位子让给了那位阿姨。
Tā bǎ wèizi ràng gěi le nà wèi āyí.

바꿔 봅시다! **바꿔 봅시다!** **바꿔 봅시다!**

妈妈 māma   大衣送 dàyī sòng   那个小男孩 nà ge xiǎonánhái

阿姨 āyí   钱还 qián huán   我们 wǒmen

售货员 shòuhuòyuán 那件衬衫卖 nà jiàn chènshān mài   我哥哥 wǒ gēge

단어 □ 女孩 nǚhái 여자 아이   □ 大衣 dàyī 코트

연습문제 练习 liànxí

听 tīng 듣기

1. 남녀의 대화 내용에 근거하여 정답을 찾으시오.

   (1) A 生病了　　　　　B 妈妈的病，吃药也没用　　C 现在在家里

   (2) A 去饭馆儿吃饭　　B 做菜　　　　　　　　　　C 打电话

   (3) A 四十岁　　　　　B 二十岁　　　　　　　　　C 二十五岁

   (4) A 已经到了十楼　　B 有人在电梯里放屁，有臭味　C 想锻炼身体

2. 녹음을 잘 듣고 주어진 명제의 옳고 그름을 판단하시오.

   (1) ★ 今天家里来过好几次电话。　　　　　（　　）

   (2) ★ 我今天也要考试。　　　　　　　　　（　　）

   (3) ★ 我有空位子坐。　　　　　　　　　　（　　）

   (4) ★ 当妈妈很辛苦。　　　　　　　　　　（　　）

❼ 孩子哭着哭着就睡着了。Háizi kūzhe kūzhe jiù shuìzháo le.

阅读 yuèdú 읽기

1. 보기에서 적당한 단어를 골라 빈칸을 채우시오.

   보기 | 着 | 连 | 就 | 口 | 到

   (1) 她哭(　　　)哭(　　　)睡着了。

   (2) 那个小孩太可爱了，很想咬他一(　　　)。

   (3) 教室里(　　　)一个人都没有。

   (4) 他好像闻(　　　)了臭味。

   (5) 这次旅游(　　　)他们几个人要去。

2. ABC를 순서에 맞게 배치하시오.

   (1) A 妈妈给她准备好的

   　　B 是因为我姐姐有了孩子

   　　C 我家里有这么多尿布　　_____

   (2) A 今天地铁里人太多了

   　　B 我站了一个多小时

   　　C 连一个空位子都没有　　_____

   (3) A 听天气预报说今天的风会很大

   　　B 也别骑自行车出门了

   　　C 请你出门的时候把窗户都关上　　_____

   단어　□ 风 fēng 바람　　□ 骑 qí (말, 자전거 따위를 다리를 벌려서) 타다
   　　　□ 出门 chū//mén 외출하다　□ 关 guān 닫다

说 shuō 말하기

다음 질문에 답하시오.

(1) 坐地铁或者坐公共汽车，你常给人让座吗？

→ _____

(2) 你给什么样儿的人让座？

→ _____

(3) 要是电梯里有人放屁了，你会怎么办？

→ _____

写 xiě 쓰기

1. 주어진 단어를 중국어의 어순에 맞게 다시 배열하시오.

(1) 就 / 她 / 哭了 / 说着说着

→ _____

(2) 他 / 不 / 连 / 都 / 认识 / 一个字

→ _____

(3) 老人 / 我 / 位子 / 让给了 / 把

→ _____

(4) 要 / 尿布 / 给 / 妈妈 / 弟弟 / 换

→ _____

단어 □ 字 zì 글자   □ 老人 lǎorén 노인

2. 다음을 중국어로 작문하시오.

(1) 저는 한 시간을 걸었습니다.

→ _____

(2) 겨우 한 사람인데요.

→ _____

(3) 아이는 울다울다 잠이 들었습니다.

→ _____

(4) 그녀는 자리를 그 분에게 양보했습니다.

→ _____

(5) 저는 그도 중국어를 공부할 거라고 생각하지 못했습니다.

→ _____

第八课

只有多练习才能学好。
Zhǐyǒu duō liànxí cái néng xuéhǎo.

학습목표

어림수를 나타내는 '多[duō]'의 용법
有一年多了。Yǒu yì nián duō le.

복문(5) – 조건복문 '只有[zhǐyǒu]……才[cái]'의 용법
只有多听、多说、多练习才能学好。
Zhǐyǒu duō tīng, duō shuō, duō liànxí cái néng xuéhǎo.

복문(6) – 조건복문 '只要[zhǐyào]……就[jiù]'의 용법
你只要好好儿跟着她，就能认识到很多新朋友。
Nǐ zhǐyào hǎohāor gēnzhe tā, jiù néng rènshi dào hěn duō xīn péngyou.

'着呢[zhe ne]'의 용법
张明的韩国朋友多着呢。
Zhāng Míng de Hánguó péngyou duōzhe ne.

단어 生词 shēngcí

- ☐☐ 01 旁边　　pángbiān　　　　명 옆
- ☐☐ 02 系　　　xì　　　　　　　명 학과
- ☐☐ 03 留学生　liúxuéshēng　　　명 유학생
- ☐☐ 04 学姐　　xuéjiě　　　　　 명 선배 언니(누나)
- ☐☐ 05 入学　　rùxué　　　　　　명 입학; 동 입학하다
- ☐☐ 06 年级　　niánjí　　　　　 명 학년
- ☐☐ 07 新生　　xīnshēng　　　　 명 신입생
- ☐☐ 08 语言班　yǔyánbān　　　　 명 어학원, 언어연수반
- ☐☐ 09 半　　　bàn　　　　　　　수 절반
- ☐☐ 10 窍门　　qiàomén　　　　　명 비결, 요령
- ☐☐ 11 方法　　fāngfǎ　　　　　 명 방법
- ☐☐ 12 只有　　zhǐyǒu　　　　　 접 ……해야만
- ☐☐ 13 练习　　liànxí　　　　　 명 연습; 동 연습하다
- ☐☐ 14 学好　　xuéhǎo　　　　　 잘 배우다
- ☐☐ 15 认为　　rènwéi　　　　　 동 여기다, 생각하다
- ☐☐ 16 交朋友　jiāo péngyou　　　친구를 사귀다

　*交 jiāo 동 교제하다, 사귀다

- ☐☐ 17 着呢　　zhe ne　　　　　 조 형용사의 뒤에서 강조의 느낌을 표시한다
- ☐☐ 18 只要　　zhǐyào　　　　　 접 ……하기만 하면
- ☐☐ 19 跟着　　gēnzhe　　　　　 동 따라가다

☐☐	20	夸张	kuāzhāng	형	과장하다
☐☐	21	至于	zhìyú	동	……할 지경에 이르다
☐☐	22	金规旻	Jīn Guīmín	고유명사	진구이민, 상하이 출신의 중국인 여자 유학생

틀리기 쉬운 표현

'爱人 àiren'은 '애인' 아니면 '여보'?

'爱人'은 우리말 한자음으로는 '애인'이지만 중국어에서는 '애인'이 아니라 결혼한 부부가 상대방을 지칭할 때 사용하는 단어이다. 때문에 중국 사람은 남편이 부인을, 혹은 부인이 남편을 다른 사람에게 소개할 때 '他(她)是我的爱人。그(그녀)는 나의 남편(부인)입니다'라고 할 수 있다. 기혼 여성을 부르는 다른 말로는 '夫人 fūren', '太太 tàitai', '老婆 lǎopo' 등이 있는데, '夫人'은 다른 사람의 부인에 대한 존칭, '太太'는 '사모님' 정도의 어감, '老婆'는 '마누라' 정도의 뉘앙스로 쓰인다. 일반적으로 '夫人'과 '太太'는 앞에 남편의 성을 붙여서 사용하며, '老婆'는 좀 더 개인적이고 친밀한 상황에서만 쓰이는 경향이 있다.

❽ 只有多练习才能学好。Zhǐyǒu duō liànxí cái néng xuéhǎo.

문법 语法 yǔfǎ

1 어림수를 나타내는 '多[duō]'의 용법

'多[duō]'는 수사 혹은 양사의 뒤에 쓰여서 '숫자+α'의 어림수를 나타낸다. 이 때, '+α'의 범위는 수사의 바로 뒤에 쓰일 경우와 양사의 뒤에 쓰일 경우에 따라 각각 달라진다.

가 [어순] 수사 + 多[duō] + 양사(도량형) + (명사)

'+α'의 범위는 앞 숫자의 '+10%'에서 '+30%' 정도까지 커버한다. 수사는 최소한 마지막 단위가 '0'으로 끝나는 두 자리 이상의 숫자(10, 20, 100, 300, ……)여야 하지만, 양사(도량형)에는 별다른 제약이 없다.

二十多个人 èr shí duō ge rén: 21~23명

十多米 shí duō mǐ: 11~13m

나 [어순] 수사 + 양사(도량형) + 多[duō] + 명사

'+α'의 범위는 아무리 넓게 잡아도 '수사+1' 미만이다. 양사에도 제약이 있어서 '시간', '세월', 길이, 무게, 거리, 높이 등과 관련된 '연속성'이 있는 도량형이나 양사만 사용할 수 있다. 개별적인 물건(사람)을 세는 양사(연속성이 없는 양사)는 대부분 사용할 수 없다.

一年多 yì nián duō: 1년여[13~15개월](절대로 2년까지 가지 않는다)

十米多 shí mǐ duō: 10m 남짓(10.1m~10.3m까지는 생각할 수 있으나 절대로 11m에는 미치지 못한다)

다 가능한 표현과 불가능한 표현의 이유

A. (○) 十多个人 shí duō ge rén: 10여 명

B. (×) 十个多人 shí ge duō rén

'A'는 가능하지만, 'B'는 불가능한 표현이다. 양사 '个[ge]'의 뒤에 '多[duō]'를 쓰면 '숫자+1' 미만을 나타내는데, 이를 환산하면 결국 '10.1'명이나 '10.2'명이라는 뜻이 된다. 그런데 자연상태에서 '0.1명' 혹은 '0.2명'의 상태로 존재하는 사람이 없기 때문에 이런 표현은 사용할 수 없는 것이다. 연속성이 있는 양사(도량형, 세월, 시간 등)의 뒤에만 '多[duō]'를 쓸 수 있는 이유가 바로 여기에 있다.

단어
- 米 mǐ 미터(m)

2 복문(5) – 조건복문 '只有[zhǐyǒu]……才[cái]'의 용법

'只有[zhǐyǒu]'의 다음에 반드시 필요한 거의 유일한 조건(P: 절대조건)을 제시하고, 뒤에 부사 '才[cái]'를 써서 결과(Q)와 연결시킨다. 여기에 제시된 유일한 조건을 만족시켜야만, '才[cái]' 이하의 결과를 얻을 수 있다는 뜻을 나타낸다. '오직 P해야만 비로소 Q 할 수 있다'와 같이 옮길 수 있는데, 간혹 중국어 원문이 긍정문이라고 하더라도 'P하지 않으면 Q 할 수 없다'와 같이 부정문의 형태로 옮기는 것이 원래의 뉘앙스에 가까운 경우도 있다. 'P'와 'Q'의 주어가 같다면 하나를 생략할 수 있다. 'Q'의 주어를 생략하면 '只有[zhǐyǒu]'는 'P'의 주어 다음에 오고, '才[cái]'는 항상 'Q'의 주어 뒤에 온다.

어순 只有[zhǐyǒu] + 절대조건(P) + 才[cái] (+ 能[néng]) + 동사구/주술구(Q)

只有　　考上大学的学生　　才　　能　　住在大学宿舍。
Zhǐyǒu　kǎoshàng dàxué de xuésheng　cái　néng　zhùzài dàxué sùshè.

· 我们只有认真学习，才能取得好成绩。
　Wǒmen zhǐyǒu rènzhēn xuéxí, cái néng qǔdé hǎo chéngjì.
· 只有努力才能成功。Zhǐyǒu nǔlì cái néng chénggōng.
· 只有星期天，我才有空。Zhǐyǒu xīngqītiān, wǒ cái yǒu kòng.

3 복문(6) – 조건복문 '只要[zhǐyào]……就[jiù]'의 용법

'只要[zhǐyào]'의 다음에 제시되는 조건(P)은 이어지는 결과(Q)를 유도하기 위한 필요 조건이기는 하지만, 절대적인 조건은 아니다. 'P'에 만약 다른 조건이 제시된다고 하더라도 뒤에 오는 결과를 유도하는데 큰 어려움이 없을 것이라는 뉘앙스를 내포하고 있다. 우리말로는 'P하기만 하면 Q한다'와 같이 옮길 수 있다. 부사 '就[jiù]' 대신에 '便[biàn]'을 사용하기도 하며, 주어는 '只要[zhǐyào]'의 앞뒤 어느 쪽에도 올 수 있다. 'P'와 'Q'의 주어가 동일하다면 하나를 생략해도 된다.

단어
□ 考上 kǎo//shàng 합격하다　□ 宿舍 sùshè 기숙사　□ 认真 rènzhēn 진지하다, 성실하다
□ 取得 qǔdé 얻다, 취득하다　□ 成绩 chéngjì 성적　□ 努力 nǔlì 노력하다
□ 成功 chénggōng 성공(하다)

2 · 대학에 합격한 학생만이 대학교의 기숙사에 거주할 수 있다.
· 우리는 열심히 공부해야만 좋은 성적을 얻을 수 있다.(=열심히 공부하지 않으면 좋은 성적을 얻을 수 없다.)
· 노력해야만 성공할 수 있다.(=노력하지 않으면 성공할 수 없다.)
· 일요일에만 저는 시간이 있습니다.(=일요일을 제외하고는 시간이 없다.)

❽ 只有多练习才能学好。Zhǐyǒu duō liànxí cái néng xuéhǎo.

| 어순 | 只要[zhǐyào] + 일반조건(P) + 就[jiù] (+ 能[néng]) + 동사구/주술구(Q) |

你　只要　　有自信，　就　　能　　　成功。
Nǐ　zhǐyào　yǒu zìxìn,　jiù　　néng　chénggōng.

- 只要吃这个药，你的病就会好的。Zhǐyào chī zhè ge yào, nǐ de bìng jiù huì hǎo de.
- 只要有时间，我就读书。Zhǐyào yǒu shíjiān, wǒ jiù dú shū.
- 只要家人不说结婚这两个字，我就回家过年。
  Zhǐyào jiārén bù shuō jiéhūn zhè liǎng ge zì, wǒ jiù huíjiā guònián.

4 '着呢[zhe ne]'의 용법

'着呢[zhe ne]'는 형용사의 뒤에 쓰여서 성질, 느낌, 상태, 모양 등을 화자가 약간 과장된 기분으로 솔직하게 인정하거나 납득한다는 뉘앙스를 나타낸다. 문법적으로 볼 때, '着呢[zhe ne]'를 동반하는 형용사는 그 앞에 '很[hěn]'이나 '非常[fēicháng]' 등 다른 정도부사의 수식을 받을 수 없다는 특징이 있다.

- 韩国的变化大着呢。Hánguó de biànhuà dàzhe ne.
- 长城长着呢。Chángchéng chángzhe ne.
- 这里的风光好看着呢。Zhèli de fēngguāng hǎokànzhe ne.

단어	□ 自信 zìxìn 자신	□ 读书 dú//shū 독서하다	□ 结婚 jié//hūn 결혼(하다)
	□ 字 zì 글자	□ 过年 guò//nián 새해를 맞이하다, 설을 쇠다	
	□ 变化 biànhuà 변화(하다)	□ 长城 Chángchéng 창청, 만리장성	□ 风光 fēngguāng 경치

3. · 당신이 자신만 있다면, 성공할 수 있습니다.
   · 이 약을 먹기만 하면, 당신의 병은 좋아질 것입니다.
   · 시간만 있으면, 나는 책을 읽습니다.
   · 가족들이 결혼이라는 두 글자를 언급하지만 않는다면, 나는 설을 쇠러 집에 갈 겁니다.

4. · 한국의 변화는 정말 대단해.
   · 만리장성은 정말 길어.
   · 이곳의 경치는 정말 아름다워.

본문 课文 kèwén

1 강의동 앞 벤치에서 경민을 기다리던 리리는 낯선 여학생이 장밍과 사이좋게 이야기하며 걸어오는 장면을 목격한다. 두 사람도 리리의 눈길을 알아채고 그녀 쪽으로 다가온다.

王莉莉　小明，你旁边的这位是谁？
Wáng Lìli　Xiǎo Míng, nǐ pángbiān de zhè wèi shì shéi?

张 明　啊，是我们系里新来的中国留学生，叫金规旻。
Zhāng Míng　Ā, shì wǒmen xì li xīn lái de Zhōngguó liúxuéshēng, jiào Jīn Guīmín.

金规旻　学姐，你好！我是今年三月入学的一年级新生。
Jīn Guīmín　Xuéjiě, nǐ hǎo! Wǒ shì jīnnián sānyuè rùxué de yī niánjí xīnshēng.

王莉莉　你来韩国多长时间了？
Wáng Lìli　Nǐ lái Hánguó duōcháng shíjiān le?

金规旻　有一年多了。先在语言班学习了半年以后，
Jīn Guīmín　Yǒu yì nián duō le. Xiān zài yǔyánbān xuéxí le bàn nián yǐhòu,

　　　　今年三月入学的。
　　　　jīnnián sānyuè rùxué de.

王莉莉　韩国的生活习惯了吗？
Wáng Lìli　Hánguó de shēnghuó xíguàn le ma?

새로 나온 단어

旁边	pángbiān	옆
系	xì	학과
留学生	liúxuéshēng	유학생
学姐	xuéjiě	선배 언니(누나)
入学	rùxué	입학; 입학하다
年级	niánjí	학년

新生	xīnshēng	신입생
语言班	yǔyánbān	어학원, 언어연수반
半	bàn	절반

고유명사

金规旻	Jīn Guīmín	진구이민, 상하이 출신의 중국인 여자 유학생

❽ 只有多练习才能学好。Zhǐyǒu duō liànxí cái néng xuéhǎo.

金规旻　还是有点儿不习惯。
Jīn Guīmín　Háishi yǒudiǎnr bù xíguàn.

对了，学韩语有没有小窍门？
Duì le, xué Hányǔ yǒu meiyǒu xiǎo qiàomén?

王莉莉　没有别的方法，只有多听、多说、多练习才
Wáng Lìli　Méiyǒu biéde fāngfǎ, zhǐyǒu duō tīng, duō shuō, duō liànxí cái

能学好。
néng xuéhǎo.

张　明　我认为多交一些韩国朋友，也是个好方法。
Zhāng Míng　Wǒ rènwéi duō jiāo yìxiē Hánguó péngyou, yě shì ge hǎo fāngfǎ.

王莉莉　张明的韩国朋友多着呢。你只要好好儿
Wáng Lìli　Zhāng Míng de Hánguó péngyou duōzhe ne. Nǐ zhǐyào hǎohāor

跟着她，就能认识很多新朋友。
gēnzhe tā, jiù néng rènshi hěn duō xīn péngyou.

张　明　你太夸张了。不至于啊。
Zhāng Míng　Nǐ tài kuāzhāng le.　Bú zhìyú a.

새로 나온 단어

窍门	qiàomén	비결, 요령	着呢	zhe ne	형용사의 뒤에서 강조의 느낌을 표시한다
方法	fāngfǎ	방법			
只有	zhǐyǒu	……해야만	只要	zhǐyào	……하기만 하면
练习	liànxí	연습; 연습하다	跟着	gēnzhe	따라가다
学好	xuéhǎo	잘 배우다	夸张	kuāzhāng	과장하다
认为	rènwéi	여기다, 생각하다	至于	zhìyú	……할 지경에 이르다
交朋友	jiāo péngyou	친구를 사귀다			
*交	jiāo	교제하다, 사귀다			

❷ 日记 Rìjì

| 日期 Rìqī | 七月十四日 qīyuè shísì rì | 星期一 xīngqīyī | 天气 Tiānqì | 晴 qíng |

我听莉莉说，她今天认识了一个新的中国留学生，是和张明一个系的一年级学生，很可爱。她问莉莉和张明怎样才能学好韩语，她们就说只有多听、多说、多练习，才能学好。她们还建议她多交一些韩国朋友。

Wǒ tīng Lìli shuō, tā jīntiān rènshi le yí ge xīn de Zhōngguó liúxuéshēng, shì hé Zhāng Míng yí ge xì de yī niánjí xuésheng, hěn kě'ài. Tā wèn Lìli hé Zhāng Míng zěnyàng cái néng xuéhǎo Hányǔ, tāmen jiù shuō zhǐyǒu duō tīng, duō shuō, duō liànxí, cái néng xuéhǎo. Tāmen hái jiànyì tā duō jiāo yìxiē Hánguó péngyou.

❽ 只有多练习才能学好。Zhǐyǒu duō liànxí cái néng xuéhǎo.

문형연습 句型练习 jùxíng liànxí — 기본문형 익히기

只有多说才能说好汉语。
Zhǐyǒu duō shuō cái néng shuōhǎo Hànyǔ.

바꿔 봅시다!
- 多练习 duō liànxí
- 多锻炼 duō duànliàn
- 少吃饭 shǎo chī fàn

바꿔 봅시다!
- 学好汉语 xuéhǎo Hànyǔ
- 健康 jiànkāng
- 减肥 jiǎnféi

张明的韩国朋友多着呢。
Zhāng Míng de Hánguó péngyou duōzhe ne.

바꿔 봅시다!
- 小张写的汉字好 Xiǎo Zhāng xiě de Hànzì hǎo
- 妈妈买的西瓜好吃 māma mǎi de xīguā hǎochī
- 前门大街热闹 Qiánmén dàjiē rènao

你只要好好儿跟着她，就能认识很多新朋友。
Nǐ zhǐyào hǎohāor gēnzhe tā, jiù néng rènshi hěn duō xīn péngyou.

바꿔 봅시다!

多练习 duō liànxí
多说 duō shuō
少吃晚饭 shǎo chī wǎnfàn

바꿔 봅시다!

学好汉语 xuéhǎo Hànyǔ
说好汉语 shuōhǎo Hànyǔ
减肥 jiǎnféi

她是和张明一个系的。
Tā shì hé Zhāng Míng yí ge xì de.

바꿔 봅시다!

小王 Xiǎo Wáng
小金 Xiǎo Jīn
李先生 Lǐ xiānsheng

바꿔 봅시다!

张明 Zhāng Míng
我 wǒ
他 tā

바꿔 봅시다!

宿舍 sùshè
学校 xuéxiào
公司 gōngsī

단어 □ 宿舍 sùshè 기숙사 □ 公司 gōngsī 회사

❽ 只有多练习才能学好。Zhǐyǒu duō liànxí cái néng xuéhǎo.

연습문제 练习 liànxí

听 tīng 듣기

1. 남녀의 대화 내용에 근거하여 정답을 찾으시오.

   (1) **A** 中文系　　　　　**B** 经营系　　　　　**C** 经济系

   (2) **A** 二十五岁　　　　**B** 二十二岁　　　　**C** 二十岁

   (3) **A** 坐飞机　　　　　**B** 送朋友　　　　　**C** 接朋友

   (4) **A** 今年三月　　　　**B** 去年三月　　　　**C** 前年三月

단어
- 经营 jīngyíng 경영하다
- 前年 qiánnián 재작년

2. 녹음을 잘 듣고 주어진 명제의 옳고 그름을 판단하시오.

   (1) ★ 我现在经常去锻炼身体。　　　　　　　(　　　)

   (2) ★ 昨天我丢了钱包。　　　　　　　　　　(　　　)

   (3) ★ 我可能今天早上也吃了包子。　　　　　(　　　)

   (4) ★ 我是小张的老师。　　　　　　　　　　(　　　)

단어
- 感觉 gǎnjué 느끼다
- 钱包 qiánbāo (돈)지갑
- 床 chuáng 침대
- 包子 bāozi (왕)만두
- 经常 jīngcháng 자주
- 句 jù 말, 글의 수를 세는 양사. 마디

阅读 yuèdú 읽기

1. 보기에서 적당한 단어를 골라 빈칸을 채우시오.

> 보기　不至于　　夸张　　交　　只有　　只要

(1) (　　　　)在这儿，我们才能见到小王。

(2) 他说话很(　　　　)。

(3) (　　　　)是个男的，就不会不喜欢她。

(4) 我来中国以后，(　　　　)了很多中国朋友。

(5) 他放的屁(　　　　)你说得那么臭。

2. ABC를 순서에 맞게 배치하시오.

(1) A 很少有人大声说话

　　B 我喜欢去图书馆学习

　　C 因为那儿很安静　　　　　_____

(2) A 我和几个朋友约好

　　B 就去香港旅游

　　C 只要一放暑假　　　　　　_____

(3) A 只有多听、多说、多练习

　　B 学习外语没有什么窍门

　　C 才能学好　　　　　　　　_____

> 단어　□ 大声 dàshēng 큰 소리　□ 说话 shuō//huà 말하다　□ 香港 Xiānggǎng 홍콩

❽ 只有多练习才能学好。Zhǐyǒu duō liànxí cái néng xuéhǎo.

说 shuō 말하기

다음 질문에 답하시오.

(1) 你是哪年入大学的?

→ _____

(2) 你可能哪年大学毕业?

→ _____

(3) 请说说你的生活习惯。

→ _____

写 xiě 쓰기

1. 주어진 단어를 중국어의 어순에 맞게 다시 배열하시오.

(1) 这个人 / 大学 / 同学 / 是 / 我的 / 我旁边的

→ _____

(2) 月 / 来 / 了 / 多 / 他 / 韩国 / 一个

→ _____

(3) 我 / 想 / 外国朋友 / 交 / 一些 / 多

→ _____

(4) 中国 / 新来的 / 我们系 / 他是 / 留学生 / 里

→ _____

2. 다음을 중국어로 작문하시오.

(1) 당신은 중국에 온 지 얼마나 되었습니까?

→ _____

(2) 당신은 많이 듣고, 많이 말하고, 많이 연습해야만 중국어를 잘할 수 있습니다.

→ _____

(3) 당신은 많이 듣고, 많이 말하고, 많이 연습하면 중국어를 잘할 수 있습니다.

→ _____

(4) 저는 중국 요리 먹는 것에 아직 익숙하지 않습니다.

→ _____

(5) 저는 거기에서 많은 새로운 친구들을 알게 되었습니다.

→ _____

❽ 只有多练习才能学好。Zhǐyǒu duō liànxí cái néng xuéhǎo.

중국 문화 3

중국어와 다음자(多音字)

성조나 발음을 두 개 혹은 그 이상 가지는 한자를 '다음자(多音字)'라고 한다. 중국어에서 다음자가 발생하는 원인은 다양하여 간략하게 설명하기 힘들지만, 여기서는 그 중에서도 같은 한자임에도 불구하고 성조의 차이로 인하여 '품사'가 달라지는 예를 일부 알아보자.

	字	A/B	발음	품사	뜻	예
1	难	A	nán	형용사	어렵다	汉语很难 (nán)。중국어는 어렵다.
		B	nàn	명사	재난	灾难 (zāinàn) 재난
2	兴	A	xīng	동사/형용사	흥성하다, 성행하다	兴奋 (xīngfèn) 흥분하다
		B	xìng	명사	흥, 재미	兴趣 (xìngqù) 흥미
3	扫	A	sǎo	동사	(빗자루로) 쓸다	请扫 (sǎo) 院子。마당을 청소하세요.
		B	sào	명사	빗자루	扫帚 (sàozhou) 빗자루
4	号	A	háo	동사	외치다	号叫 (háojiào) 큰 소리로 외치다
		B	hào	명사	명칭, 기호, 호령	号令 (hàolìng) 호령, 구령
5	好	A	hǎo	형용사	좋다	好吃 (hǎochī) 맛있다
		B	hào	동사	좋아하다, 즐겨하다	好吃 (hàochī) 먹기를 좋아하다

각 한자의 'A'와 'B' 중에서 한 쪽은 익숙하지만, 다른 한 쪽은 위의 표를 보고 처음 알게 된 사람도 적지 않을 거라고 생각한다. '难'이 명사 '灾难(재난)'에 쓰이면 'nàn'으로 발음해야 한다든지, '兴'이 형용사 '兴奋(흥분하다)'에서는 'xīng', 명사 '兴趣(흥미)'에서는 'xìng'으로 소리 난다든지, '扫'가 '빗자루'라는 명사의 일부로 쓰일 때는 'sào'로 발음한다든지 하는 것은 중국어로 대화할 때, 성조를 하나하나 정확하게 발음해야만 하는 이유를 우리들에게 새삼 깨닫게 해주는 좋은 예라고 하겠다.

第九课

给老人祝寿不能送钟。
Gěi lǎorén zhùshòu bù néng sòng zhōng.

학습목표

이중목적어를 가지는 동사 '送[sòng]'의 용법
你要送爷爷什么礼物? Nǐ yào sòng yéye shénme lǐwù?

접속사 '比如[bǐrú]'의 용법
比如千万不能送钟给老人。
Bǐrú qiānwàn bù néng sòng zhōng gěi lǎorén.

부사 '千万[qiānwàn]'의 용법
比如千万不能送钟给老人。
Bǐrú qiānwàn bù néng sòng zhōng gěi lǎorén.

'给[gěi]'의 다양한 용법(2)
为什么给老人祝寿不能送钟?
Wèishénme gěi lǎorén zhùshòu bù néng sòng zhōng?

방위사 '间[jiān]'의 용법
在中国男女朋友之间绝对不分梨吃。
Zài Zhōngguó nánnǚ péngyou zhījiān juéduì bù fēn lí chī.

단어 生词 shēngcí

□□ 01	爷爷	yéye	명	할아버지
□□ 02	过	guò	동	(세월, 시간을) 보내다, (시간이) 지나다, (명절, 축제를) 쇠다
□□ 03	讲究	jiǎngjiu	형	집착하다, 신경을 쓰다
			명	도리, 심오한 이치
□□ 04	比如	bǐrú	접	예를 들면
□□ 05	千万	qiānwàn	부	반드시, 절대로
□□ 06	钟	zhōng	명	괘종시계
□□ 07	老人	lǎorén	명	노인
□□ 08	祝寿	zhùshòu	동	생신을 축하하다
□□ 09	送终	sòng//zhōng	동	장례를 치르다
□□ 10	收到	shōudào	동	받다
□□ 11	生气	shēng//qì	동	화내다
□□ 12	原来如此	yuánlái rúcǐ		알고 보니 그렇다
□□ 13	苹果	píngguǒ	명	(과일의) 사과
□□ 14	表示	biǎoshì	동	가리키다, 의미하다
□□ 15	门	mén	양	학문 따위를 세는 양사. 과목
□□ 16	学问	xuéwen	명	학문, 지식(학문, 지식이 풍부함)
□□ 17	送礼	sòng//lǐ	동	선물을 보내다
□□ 18	引起	yǐnqǐ	동	야기하다, (사건을) 일으키다

☐☐19	误会	wùhuì	명	오해; 동 오해하다
☐☐20	……之间	zhījiān	방	……의 사이
☐☐21	绝对	juéduì	부	절대로
☐☐22	分	fēn	동	나누다
☐☐23	梨	lí	명	(과일의) 배

 틀리기 쉬운 표현

'学问 xuéwen'은 '학문'?

중국어 '学问'과 한국어의 '학문'은 같은 한자어를 사용하지만 의미가 100% 같지는 않다. 중국어의 '学问'에는 '학문'이라는 뜻은 물론이고, '지식이 많다', '학식이 풍부하다'는 의미도 포함하고 있기 때문이다. 또한 '学问'을 '学文'으로 잘못 쓰는 사람이 많으니 글을 쓸 때는 틀리지 않도록 주의해야 한다.

物理学是一门很难的学问。 물리학은 아주 어려운 학문이다.

他姐姐很有学问。 그의 누나는 아주 학식이 풍부하다.('학문이 있다'로 번역하면 안 된다)

❾ 给老人祝寿不能送钟。Gěi lǎorén zhùshòu bù néng sòng zhōng.

문법 语法 yǔfǎ

1 이중목적어를 가지는 동사 '送[sòng]'의 용법

동사 '送[sòng]'이 '(사람/단체)에게 (물건)을 보내다'는 뜻으로 쓰이면 두 개의 목적어를 취할 수 있다. 특히 '送' 자체에 '대가 없이 보내다', '선물을 하다'는 뜻이 숨어 있다는 점을 기억해 두는 것이 좋다.

> **어순** 주어 + 送[sòng] + 간접 목적어(사람) + 직접 목적어

我 想 送 她 一本书。
Wǒ xiǎng sòng tā yì běn shū.

- 我送她什么好呢? Wǒ sòng tā shénme hǎo ne?
- 前几天爸爸送了我一块手表。Qián jǐ tiān bàba sòng le wǒ yí kuài shǒubiǎo.

2 접속사 '比如[bǐrú]'의 용법

접속사 '比如[bǐrú]'는 '예를 들면'이라는 뜻으로, 자신의 말, 생각, 주장을 뒷받침하기 위하여 구체적인 실례를 들 때, 혹은 상대방의 의견을 끌어내기 위하여 보기를 제공할 때 널리 사용하는 표현이다. 회화체에서는 동사 '说[shuō]'와 결합하여 '比如说[bǐrú shuō]'의 형태로 자주 쓰인다.

- 我喜欢做运动，比如(说)打乒乓球、踢足球、游泳等等。
  Wǒ xǐhuan zuò yùndòng, bǐrú(shuō) dǎ pīngpāngqiú, tī zúqiú, yóuyǒng děngděng.
- 这儿有几种水果，比如(说)苹果、香蕉、桔子等等，你喜欢吃哪一种?
  Zhèr yǒu jǐ zhǒng shuǐguǒ, bǐrú(shuō) píngguǒ, xiāngjiāo, júzi děngděng, nǐ xǐhuan chī nǎ yì zhǒng?

3 부사 '千万[qiānwàn]'의 용법

'千万[qiānwàn]'은 '반드시', '절대로'라는 뜻으로, 주로 상대방의 주의를 환기시키거나 다른 사람에게 충고할 때 쓰는 표현이다. 주어는 생략되는 경우가 많으며, 긍정문과 부정문에 모두 사용할 수 있다. 일반적으로 긍정문에서는 '要[yào]', 부정문에서는 '不要[búyào]', '别[bié]', '不能[bù néng]' 등과 함께 쓰이는 경향이 있다.

> **어순** 千万[qiānwàn] + 要[yào] + 동사 + 목적어

> **단어**
> - 本 běn 책을 세는 양사. 권
> - 手表 shǒubiǎo 손목시계
> - 打乒乓球 dǎ pīngpāngqiú 탁구를 치다
> - 水果 shuǐguǒ 과일
> - 香蕉 xiāngjiāo 바나나
> - 桔子 júzi 귤

> **부정** 千万[qiānwàn] + 不要[búyào]/别[bié]/不能[bù néng] + 동사 + 목적어

- 开车千万要小心。Kāichē qiānwàn yào xiǎoxīn.
- 以后千万别忘了我。Yǐhòu qiānwàn bié wàng le wǒ.
- 这件事，你千万不要跟妈妈说。Zhè jiàn shì, nǐ qiānwàn búyào gēn māma shuō.

4 '给[gěi]'의 다양한 용법(2)

가 동사

> **어순** 주어 + 给[gěi] + 간접 목적어(사람) + 직접 목적어

동사 '给[gěi]'는 두 개의 목적어를 취하여 '(사람)에게 (물건)을 주다'라는 뜻을 나타낸다. 직접 목적어는 구체적인 물건일 수도 있고 추상적인 개념일 수도 있다.

- 她给我很大的希望。Tā gěi wǒ hěn dà de xīwàng.
- 售票员给了我两张火车票。Shòupiàoyuán gěi le wǒ liǎng zhāng huǒchēpiào.

단어 □ 忘 wàng 잊다　□ 希望 xīwàng 희망(하다)

1. - 나는 그녀에게 책을 한 권 선물하려고 합니다.
   - 내가 그녀에게 무엇을 선물하는 게 좋을까요?
   - 며칠 전 아빠가 나에게 손목시계를 하나 선물하셨습니다.

2. - 나는 운동 하는 걸 좋아합니다. 예를 들면, 탁구를 한다든지, 축구를 한다든지, 수영을 한다든지 등등.
   - 여기에는 몇 가지 과일이 있습니다. 예를 들면, 사과, 바나나, 귤 등등, 당신은 어떤 것을 먹는 걸 좋아합니까?

3. - 운전은 반드시 조심해서 해야 합니다.
   - 앞으로 절대로 나를 잊지 마세요.
   - 이 일은 엄마에게 절대로 말하지 마세요.

4. 가. - 그녀는 나에게 큰 희망을 줍니다.
   - 매표원이 나에게 기차표를 두 장 주었습니다.

❾ 给老人祝寿不能送钟。Gěi lǎorén zhùshòu bù néng sòng zhōng.

나 개사

> **어순** 주어 + 给[gěi] + 사람 + 동사 + 목적어

개사 '给[gěi]'는 동사의 앞에서 동사의 행위에 의하여 이익을 얻는 사람을 가리킨다. 이 때, '给[gěi]'는 '为[wèi](……을 위하여)'와 비슷한 뜻이며, '给[gěi]+사람'은 동사(구)를 수식하는 성분(상어)으로 본다. 의미적으로 볼 때, 말하고 싶은 중점이 '동사+목적어'에 있다는 점에서 아래 '다'와 차이가 있다.

- 老师给我送贺年卡了。Lǎoshī gěi wǒ sòng hèniánkǎ le.
- 母亲节你给妈妈买什么礼物？ Mǔqīn Jié nǐ gěi māma mǎi shénme lǐwù?

다 보어

> **어순** 주어 + 동사 + 给[gěi] + 수령자/종착지 + 목적어

'送[sòng]', '递[dì] 건네주다', '还[huán] 돌려주다', '寄[jì] (편지를) 부치다' 등과 같이 동사 자체가 '주다'라는 의미를 내포하고 있을 때, 물건의 종착지 혹은 물건을 받는 사람은 동사의 뒤에 결과보어로 작용하는 '给[gěi]'를 붙여서 표현한다. 형태적으로는 '送给[sònggěi]', '递给[dìgěi]', '还给[huángěi]', '寄给[jìgěi]' 등으로 쓰이며, 의미적으로도 밀접하게 결합되어 있기 때문에 한 단어처럼 취급한다. 화자가 말하고 싶은 중점이 '给[gěi]'의 다음에 오는 '사람'에게 있다는 점이 중요하다.

- 爸爸把手表送给我了。Bàba bǎ shǒubiǎo sònggěi wǒ le.
- 你的照片什么时候寄给我？ Nǐ de zhàopiàn shénme shíhou jìgěi wǒ?

라 동사

> **어순** 주어 + 동사 + 목적어 + 给[gěi] + 수령자

'동사'와 '给[gěi]'는 각각 독립된 동작으로, 배열된 순서(앞→뒤)대로 동작이 발생한다. 의미적으로는 물건(목적어)이 동사의 행위에 의하여 '给[gěi]'의 뒤에 있는 사람에게로 이동하여 도달하게 된다는 뜻을 나타낸다. 구조적으로는 연동문과 유사하기 때문에 '送给[sònggěi]'처럼 두 단어가 서로 붙어 있을 때만큼의 밀접함은 느껴지지 않는다.

> **단어**
> □ 贺年卡 hèniánkǎ 연하장   □ 母亲节 Mǔqīn Jié 어머니날   □ 手表 shǒubiǎo 손목시계

- 我写了一封信给王老师。Wǒ xiě le yì fēng xìn gěi Wáng Lǎoshī.
- 去年情人节，你送了什么礼物给男朋友？
  Qùnián Qíngrén Jié, nǐ sòng le shénme lǐwù gěi nánpéngyou.

참고 '给[gěi]'의 용법(1): Step2 제2과(25쪽)

5 방위사 '间[jiān]'의 용법

방위사 '间[jiān]'은 '之[zhī]'와 함께 합성방위사 '之间[zhījiān]'을 구성하여 'A와 B의 사이'라는 뜻을 나타낸다. '사이'라는 뜻을 표현하기 위하여 '之间[zhījiān]'의 앞에는 반드시 두 개의 대비되는 장소, 시간 혹은 복수의 사물(사람)이 등장하여야 한다. '之间[zhījiān]' 자체가 단독으로 쓰이지는 못하기 때문에, 반드시 다른 성분이 '之间[zhījiān]'의 앞에 온다.

어순 명사(복수형/장소/시간) + 之间[zhījiān]

北京和上海　　　之间
Běijīng hé Shànghǎi　　zhījiān

- 两个人之间 liǎng ge rén zhījiān
- 一点和两点之间 yī diǎn hé liǎng diǎn zhījiān

참고 방위사: Step2 제2과 (24쪽)

단어　□ 情人节 Qíngrén Jié 발렌타인 데이

나.
- 선생님께서 저에게 연하장을 보내 주셨습니다.
- 어머니날에 당신은 어머니께 무슨 선물을 사 드릴 겁니까?

다.
- 아버지께서 손목시계를 나에게 보내 주셨습니다.
- 당신 사진은 언제 나에게 부칠 겁니까?

라.
- 나는 편지를 한 통 써서 선생님에게 보냈습니다.
- 작년 발렌타인데이에 당신은 무슨 선물을 남자 친구에게 주었습니까?

5
- 베이징과 상하이의 사이
- 두 사람 사이
- 한 시와 두 시 사이

❾ 给老人祝寿不能送钟。Gěi lǎorén zhùshòu bù néng sòng zhōng.

본문 课文 kèwén

1 할아버지의 생신을 며칠 앞두고 경민은 무슨 선물을 드려야 할지 은근히 고민이다. 때마침 옆 자리에서 책을 읽고 있던 리리와 눈이 마주치자 힌트라도 얻고 싶은 마음에 중국의 생일 문화는 어떠한 지 묻는다.

金景民 明天是我爷爷的生日，家人们要给爷爷过生日。
Jīn Jǐngmín　Míngtiān shì wǒ yéye de shēngrì, jiārénmen yào gěi yéye guò shēngrì.

王莉莉 你要送爷爷什么礼物？
Wáng Lìli　Nǐ yào sòng yéye shénme lǐwù?

金景民 我还没想好。中国人送礼物有讲究吗？
Jīn Jǐngmín　Wǒ hái méi xiǎnghǎo. Zhōngguórén sòng lǐwù yǒu jiǎngjiu ma?

王莉莉 有哇。比如千万不能送钟给老人。
Wáng Lìli　Yǒu wa. Bǐrú qiānwàn bù néng sòng zhōng gěi lǎorén.

金景民 为什么给老人祝寿不能送钟？
Jīn Jǐngmín　Wèishénme gěi lǎorén zhùshòu bù néng sòng zhōng?

王莉莉 因为送钟和送终同音。老人收到这种礼物会很生气的。
Wáng Lìli　Yīnwèi sòng zhōng hé sòngzhōng tóngyīn. Lǎorén shōudào zhè zhǒng lǐwù huì hěn shēngqì de.

새로 나온 단어

爷爷	yéye	할아버지
过	guò	(세월, 시간을) 보내다, (시간이) 지나다, (명절, 축제를) 쇠다
讲究	jiǎngjiu	집착하다, 신경을 쓰다; 도리, 심오한 이치
比如	bǐrú	예를 들다
千万	qiānwàn	반드시, 절대로
钟	zhōng	괘종시계
老人	lǎorén	노인
祝寿	zhùshòu	생신을 축하하다
送终	sòng//zhōng	장례를 치르다
收到	shōudào	받다
生气	shēng//qì	화내다

金景民 Jīn Jǐngmín	原来如此。还有没有别的？ Yuánlái rúcǐ. Hái yǒu meiyǒu biéde?	

王莉莉 Wáng Lìli	我再介绍一个。中国人去做客喜欢送人苹果。 Wǒ zài jièshào yí ge. Zhōngguórén qù zuòkè xǐhuan sòng rén píngguǒ.	

金景民 Jīn Jǐngmín	那又是为什么？ Nà yòu shì wèishénme?	

王莉莉 Wáng Lìli	苹果的苹和平安的平同音。 Píngguǒ de píng hé píng'ān de píng tóngyīn. 所以送人苹果表示送人平安。 Suǒyǐ sòng rén píngguǒ biǎoshì sòng rén píng'ān.	

金景民 Jīn Jǐngmín	没想到送礼物也是一门学问。 Méi xiǎngdào sòng lǐwù yě shì yì mén xuéwen.	

새로 나온 단어

原来如此	yuánlái rúcǐ	알고 보니 그렇다	门	mén	학문 따위를 세는 양사. 과목
苹果	píngguǒ	(과일의) 사과	学问	xuéwen	학문, 지식(학문, 지식이 풍부함)
表示	biǎoshì	가리키다, 의미하다			

❾ 给老人祝寿不能送钟。Gěi lǎorén zhùshòu bù néng sòng zhōng.

❷ 日记 Rìjì

日期　七月二十九日　星期二　　天气　晴
Rìqī　qīyuè èrshíjiǔ rì　xīngqī'èr　　Tiānqì　qíng

今天莉莉给我介绍了中国人送
Jīntiān Lìli gěi wǒ jièshào le Zhōngguórén sòng
礼有哪些讲究。要是不知道中国人
lǐ yǒu nǎxiē jiǎngjiu. Yàoshi bù zhīdào Zhōngguórén
送礼的习惯，可能会引起一些误会。
sòng lǐ de xíguàn, kěnéng huì yǐnqǐ yìxiē wùhuì.
听莉莉说，在中国男女朋友之间绝
Tīng Lìli shuō, zài Zhōngguó nánnǚpéngyou zhījiān jué-
对不分梨吃。我打算以后和莉莉在
duì bù fēn lí chī. Wǒ dǎsuan yǐhòu hé Lìli zài
一起的时候，就不吃梨了。
yìqǐ de shíhou, jiù bù chī lí le.

새로 나온 단어

送礼	sòng//lǐ	선물을 보내다		绝对	juéduì	절대로
引起	yǐnqǐ	야기하다, (사건을) 일으키다		分	fēn	나누다
误会	wùhuì	오해; 오해하다		梨	lí	(과일의) 배
……之间	zhījiān	……의 사이				

문형연습 句型练习 jùxíng liànxí　　기본문형 익히기

比如千万不能送钟给老人。
Bǐrú qiānwàn bù néng sòng zhōng gěi lǎorén.

▶ 바꿔 봅시다!

甜的给小孩儿 tián de gěi xiǎoháir

鞋给人 xié gěi rén

伞给朋友 sǎn gěi péngyou

送人苹果表示送人平安。
Sòng rén píngguǒ biǎoshì sòng rén píng'ān.

▶ 바꿔 봅시다!　　▶ 바꿔 봅시다!

孩子哭了 háizi kū le　　肚子饿了 dùzi è le

弟弟不吃了 dìdi bù chī le　　肚子饱了 dùzi bǎo le

妹妹喝牛奶 mèimei hē niúnǎi　　口渴了 kǒu kě le

단어　□ 鞋 xié 신발　□ 肚子 dùzi (인체의) 배　□ 牛奶 niúnǎi 우유

❾ 给老人祝寿不能送钟。Gěi lǎorén zhùshòu bù néng sòng zhōng.

没想到送礼物也是一门学问。
Méi xiǎngdào sòng lǐwù yě shì yì mén xuéwen.

바꿔 봅시다!

今天 jīntiān
妈妈 māma
他们 tāmen

바꿔 봅시다!

是你的生日 shì nǐ de shēngrì
会跳舞 huì tiàowǔ
是中国人 shì Zhōngguórén

这样可能会引起一些误会。
Zhèyàng kěnéng huì yǐnqǐ yìxiē wùhuì.

바꿔 봅시다!

人们的注意 rénmen de zhùyì
争论 zhēnglùn
严重后果 yánzhòng hòuguǒ

단어
- 跳舞 tiào//wǔ 춤추다
- 注意 zhùyì 주의(하다)
- 争论 zhēnglùn 논쟁(하다)
- 严重 yánzhòng 심각하다
- 后果 hòuguǒ (나쁜 의미에서) 최후의 결과

연습문제 练习 liànxí

听 tīng 듣기

1. 남녀의 대화 내용에 근거하여 정답을 찾으시오.

(1) A 哥哥和妹妹　　　B 姐姐和弟弟　　　C 男女朋友

(2) A 苹果　　　　　　B 鞋　　　　　　　C 伞

(3) A 女的相信男的　　B 男的经常迟到　　C 女的没迟到过

(4) A 出租车上　　　　B 地铁里　　　　　C 公共汽车上

> 단어: □ 鞋 xié 신발　□ 根据 gēnjù ……에 근거하여　□ 对话 duìhuà 대화　□ 相信 xiāngxìn 믿다

2. 녹음을 잘 듣고 주어진 명제의 옳고 그름을 판단하시오.

(1) ★ 他们刚才去买衣服了。　　　　　　　　（　　）

(2) ★ 我明天可能带水果去朋友家。　　　　　（　　）

(3) ★ 我在学校食堂。　　　　　　　　　　　（　　）

(4) ★ 他们以前是邻居。　　　　　　　　　　（　　）

> 단어: □ 水果 shuǐguǒ 과일　□ 邻居 línjū 이웃

❾ 给老人祝寿不能送钟。Gěi lǎorén zhùshòu bù néng sòng zhōng.

阅读 yuèdú 읽기

1. 보기에서 적당한 단어를 골라 빈칸을 채우시오.

| 보기 | 过 | 分 | 引起 | 讲究 | 给 |

(1) 马上就要(　　　　)年了。

(2) 为什么(　　　　)老人祝寿不能送钟?

(3) 他对吃的非常(　　　　)。

(4) 我和那些朋友特别好，不(　　　　)你我。

(5) 你的话很可能(　　　　)误会。

2. ABC를 순서에 맞게 배치하시오.

(1) A 这几辆自行车都很贵

　　B 放在家里不太方便

　　C 但是我家太小了　　　　_____

(2) A 你要是感兴趣

　　B 就来一起打吧

　　C 一会儿我们要去打篮球　　_____

(3) A 然后去公园锻炼一会儿身体

　　B 放假以后他每天都九点才起床

　　C 十一点回家吃饭　　　　_____

단어　□ 辆 liàng 바퀴 달린 것을 세는 양사. 대　　□ 公园 gōngyuán 공원

说 shuō 말하기

다음 질문에 답하시오.

(1) 去年你生日的时候，你是和谁一起过的?

→ _____

(2) 你去朋友家做客，空手去还是带礼物去?

→ _____

(3) 韩国人送礼物也有讲究吗?

→ _____

写 xiě 쓰기

1. 주어진 단어를 중국어의 어순에 맞게 다시 배열하시오.

(1) 送钟 / 礼物 / 比如 / 千万 / 送 / 不能

→ _____

(2) 礼物 / 中国人 / 讲究 / 送 / 很 / 有

→ _____

(3) 你的 / 会 / 误会 / 那个动作 / 引起 / 可能

→ _____

(4) 要 / 生日 / 给 / 过 / 我们 / 妈妈

→ _____

❾ 给老人祝寿不能送钟。Gěi lǎorén zhùshòu bù néng sòng zhōng.

2. 다음을 중국어로 작문하시오.

(1) 저는 아직 생각해 두지 않았습니다.

→ _____

(2) 그는 내일 절대로 오지 않을 겁니다.

→ _____

(3) 아하! 그랬군요.

→ _____

(4) 그건 또 왜 그렇지요?

→ _____

(5) 그는 저에게 화가 났습니다.

→ _____

第十课

你别拍我马屁了。
Nǐ bié pāi wǒ mǎpì le.

학습목표

개사 '向[xiàng]'의 용법(2)
今天有一个好消息要向你报告。
Jīntiān yǒu yí ge hǎo xiāoxi yào xiàng nǐ bàogào.

동사 '等[děng]'의 용법
具体的日程等下周才能知道。
Jùtǐ de rìchéng děng xiàzhōu cái néng zhīdao.

'当[dāng]……时[shí]'의 용법
当你面试时 dāng nǐ miànshì shí

관용구의 형식(1)
从容不迫 cóngróng-búpò

의문사의 임의지시 용법
这个谁都知道。Zhè ge shéi dōu zhīdao.

'越[yuè]……越[yuè]……'의 용법
托业考分越高越好。Tuōyè kǎofēn yuè gāo yuè hǎo.

관용구의 형식(2)
拍马屁 pāi mǎpì

개사 '为[wèi]'의 용법
莉莉也为我感到很高兴。
Lìli yě wèi wǒ gǎndào hěn gāoxìng.

단어 生词 shēngcí

☐☐ 01	消息	xiāoxi	명 소식, 뉴스
☐☐ 02	到底	dàodǐ	부 도대체
☐☐ 03	叫	jiào	동 ……하게 하다
☐☐ 04	激动	jīdòng	동 흥분하다
☐☐ 05	面试	miànshì	명 면접 시험
☐☐ 06	结果	jiéguǒ	명 결과
☐☐ 07	录用	lùyòng	동 채용하다
☐☐ 08	上班	shàng//bān	동 출근하다

*下班 xià//bān 동 퇴근하다

☐☐ 09	具体	jùtǐ	형 구체적이다
☐☐ 10	日程	rìchéng	명 일정
☐☐ 11	下周	xiàzhōu	명 다음 주
☐☐ 12	仔细	zǐxì	형 자세하다
☐☐ 13	技巧	jìqiǎo	명 기교, 테크닉
☐☐ 14	参考	cānkǎo	명 참고; 동 참고하다
☐☐ 15	当……时	dāng……shí	개 사건이나 행위가 발생한 시점을 표시한다
☐☐ 16	态度	tàidù	명 태도
☐☐ 17	从容不迫	cóngróng-búpò	관 침착하다, 태연자약(하다)
☐☐ 18	显得	xiǎnde	동 ……하게 보이다
☐☐ 19	紧张	jǐnzhāng	형 긴장하다
☐☐ 20	有用	yǒuyòng	동 쓸모 있다, 유용하다

☐☐ 21	目前	mùqián	명	지금, 현재	
☐☐ 22	重视	zhòngshì	명	중시;	동 중시하다
☐☐ 23	托福	Tuōfú	명	토플(TOEFL)	
☐☐ 24	托业	Tuōyè	명	토익(TOEIC)	
☐☐ 25	考分	kǎofēn	명	시험 점수	
☐☐ 26	越……越……	yuè……yuè……		……하면 할수록 ……하다	
☐☐ 27	满分	mǎnfēn	명	만점	
☐☐ 28	拿到	nádào	동	받다, 입수하다	
☐☐ 29	聪明	cōngming	형	똑똑하다	
☐☐ 30	拍马屁	pāi mǎpì	관	아첨하다	
☐☐ 31	过程	guòchéng	명	과정	
☐☐ 32	顺利	shùnlì	형	순조롭다	
☐☐ 33	遭到	zāodào	동	(불행한 혹은 불리한 일을) 당하다, 만나다	
☐☐ 34	无数	wúshù	형	헤아릴 수 없다, 매우 많다	
☐☐ 35	挫折	cuòzhé	명	좌절, 실패;	동 좌절하다, 실패하다
☐☐ 36	最终	zuìzhōng	명	최종, 마지막	
☐☐ 37	满意	mǎnyì	동	만족하다	
☐☐ 38	喜讯	xǐxùn	명	희소식, 기쁜 소식	
☐☐ 39	为……	wèi……	개	……을 위하여	
☐☐ 40	感到	gǎndào	동	느끼다	
☐☐ 41	中国银行	Zhōngguó yínháng	고유명사	중국은행	

⑩ 你别拍我马屁了。Nǐ bié pāi wǒ mǎpì le.

문법 语法 yǔfǎ

1 개사 '向[xiàng]'의 용법(2)

'向[xiàng]'의 뒤에 사람을 뜻하는 (대)명사 혹은 사람에 준하는 기관명(의인화)을 취하여 동사의 동작이 향하는 방향을 가리킨다. 문장에서는 반드시 동사의 앞에 위치한다.

> **어순** 주어 + 向[xiàng] + 사람(에 준하는 기관) + 동사

大家	向	她	学习吧。
Dàjiā	xiàng	tā	xuéxí ba.

- 他向我介绍了他的爱人。 Tā xiàng wǒ jièshào le tā de àiren.
- 我向政府提出了几个建议。 Wǒ xiàng zhèngfǔ tíchū le jǐ ge jiànyì.

참고 개사 '向[xiàng]'의 용법(1): Step2 제3과 (37쪽)

2 동사 '等[děng]'의 용법

'A'에 시간사, 행위(동작) 등이 오고, 그 시간이 지나거나 행위(동작)가 완료되면 'B'의 사건이 이어서 발생한다는 뜻을 나타낸다. 직역하면 'A가 (완료)되기를 기다렸다가 B하다'로 옮겨지는데, 실제로는 동사 '等[děng]'을 번역하지 않는 편이 더 자연스럽다. 'A'가 완료된 다음, 그 이전에 하던 일을 이어서 하는 것이라면 'A'와 'B' 사이에 부사 '再[zài]'를, 두 동작이 어떠한 공백도 없이 자연스럽게 연결된다면 '就[jiù]'를, 부자연스럽고 어렵게 연결된다면 '才[cái]'를 넣는다.

> **어순** 等[děng] + A + 再[zài]/就[jiù]/才[cái] + B

等	他回来	再	给他说说!
Děng	tā huílái	zài	gěi tā shuōshuo!

- 等一个小时就是新年的第一天了。 Děng yí ge xiǎoshí jiùshì xīnnián de dì yī tiān le.
- 等雨停了，你才会来找我吗？ Děng yǔ tíng le, nǐ cái huì lái zhǎo wǒ ma?

단어
- 爱人 àiren 배우자
- 政府 zhèngfǔ 정부
- 提出 tíchū 제출하다
- 新年 xīnnián 새해, 신년
- 停 tíng 멈추다, 그치다

3 '当[dāng]……时[shí]'의 용법

사건이나 행위를 '当[dāng]'과 '时[shí]'의 사이에 삽입하여 해당 사건이나 행위가 발생한 시점을 나타낸다. 직역하면 '……했을 때를 당하여'가 되지만, 실제로는 '……을 때'라고 옮기는 것이 자연스럽다. 구어체에서는 '当[dāng]……的时候[de shíhou]'라고 말하기도 한다.

> **어순** 当[dāng] + 사건/행위 + (的)时(候)[(de) shí(hou)]

当　　我高中一年级　　(的)时(候)，　　我姐姐结婚了。
Dāng　wǒ gāozhōng yī niánjí　(de)shí(hou)，　wǒ jiějie jiéhūn le.

- 当你孤单的时候，你会想起谁? Dāng nǐ gūdān de shíhou, nǐ huì xiǎngqǐ shéi?
- 每次当我遇到困难的时候，父母总是帮助我。
  Měi cì dāng wǒ yùdào kùnnan de shíhou, fùmǔ zǒngshì bāngzhù wǒ.

4 관용구의 형식(1)

2음절 동사(형용사) 혹은 '동사+목적어' 구조의 'AB'와 그 뒤에 단음절 동사 'C'의 부정형 '不[bù]C' 혹은 '无[wú]C'가 이어지는 네 글자 형식의 관용구. 의미적으로 'AB'와 '不C'가 서로 유사하거나 'AB'의 동작을 한 결과 '不C'한 상태가 된다는 특징이 있다.

> **단어**
> - 高中 gāozhōng 고등학교
> - 结婚 jié//hūn 결혼하다
> - 孤单 gūdān 외롭다
> - 遇到 yùdào 만나다, 부닥치다
> - 总是 zǒngshì 늘, 항상

1
- 모두들 그녀에게서 배웁시다(본받읍시다).
- 그는 나에게 그의 부인을 소개해 주었습니다.
- 나는 정부에 몇 가지 건의를 했습니다.

2
- 그가 돌아오기를 기다렸다가 다시 그에게 말해 보자!(=그가 돌아오면 다시 말해 보자!)
- 한 시간만 지나면 바로 새해 첫 날이 됩니다.
- 비가 그치기를 기다렸다가 비로소 나를 찾으러 올 겁니까?
  (= 비가 그친 뒤에서야 나를 찾으러 올 겁니까?)

3
- 내가 고등학교 1학년 때, 우리 언니가 결혼했습니다.
- 당신이 외로울 때, 누구를 떠올리곤 하나요?
- 매번 제가 곤란에 직면할 때마다, 부모님께서 늘 저를 도와주십니다.

> **어순** AB + 不(无) [bù(wú)] C

- 从容不迫 cóngróng búpò: 침착하다 + 급하지 않다 (= 침착하여 흔들리지 않다, 태연자약)
- 犹豫不决 yóuyù bùjué: 우물쭈물하다 + 결정하지 못하다 (= 우유부단하다)
- 消失不见 xiāoshī bújiàn: 사라지다 + 보이지 않다 (= 사라져서 보이지 않다)
- 握手不放 wòshǒu búfàng: 손을 쥐다 + 놓지 않다 (= 악수한 채 놓지 않다)
- 独一无二 dúyī wú'èr: 하나뿐이다 + 두 개는 없다 (= 유일무이하다)

> **주의** [AB는 2음절 동사(형용사) 혹은 동사+목적어]

5 의문사의 임의지시 용법

의문사가 의문문을 만들지 않고 불특정한 사람, 물건, 시점 등을 표현하는 경우를 '의문사의 임의지시 용법'이라고 한다. 이 때, 의문사는 뒤에 부사 '都[dōu]/也[yě]'를 동반하여 '어떤 범위 내에서 어떠한 예외도 없음'을 나타낸다. 간혹 의문사의 앞에 '不论[búlùn]', '无论[wúlùn]' 혹은 '不管[bùguǎn]'을 두기도 한다.

> **어순** (不论[búlùn]/无论[wúlùn]/不管[bùguǎn]) + 의문사 + 都[dōu]/也[yě]

<pre>
不管   什么时候   都 要相信自己。
Bùguǎn   shénme shíhou dōu yào xiāngxìn zìjǐ.
</pre>

- 你什么时候都可以来我家。Nǐ shénme shíhou dōu kěyǐ lái wǒ jiā.
- 谁也没想到她会哭。Shéi yě méi xiǎngdào tā huì kū.
- 她走哪儿都带着书。Tā zǒu nǎr dōu dàizhe shū.

6 '越[yuè]……越[yuè]……'의 용법

'A'와 'B'에 각각 '형용사(구)' 혹은 '동사(구)'를 대비시켜서 'A하면 할수록 더욱 B하다'는 점층의 뜻을 나타낸다. 'A'와 'B'에는 문법적으로 서로 같은 성분이나 비슷한 구조의 문형이 오는 것이 바람직하지만, 'A'에는 형용사(구), 'B'에는 동사(구)와 같이 서로 다른 성분이 오더라도 문제가 되지는 않는다. 또한 주어가 서로 다른 경우도 있다.

>  □ 相信 xiāngxìn 믿다, 신뢰하다

| 어순 | 越[yuè] + A(형용사구/동사구) + 越[yuè] + B(형용사구/동사구) |

我 越 忙 越 高兴。
Wǒ yuè máng yuè gāoxìng.

- 有人认为汽车越贵越好。Yǒu rén rènwéi qìchē yuè guì yuè hǎo.
- 雨越下越大。Yǔ yuè xià yuè dà.
- 认识的人越多，我就觉得越孤独。Rènshi de rén yuè duō, wǒ jiù juéde yuè gūdú.

7 관용구의 형식(2)

중국 고유의 역사, 문화, 습관에서 유래한 관용구는 그 배경을 모르면 해당 관용구의 의미와 용법을 알기 힘들다. 이런 유형의 관용구는 '단음절 동사+2음절 목적어'의 형식이 주를 이룬다.

〈중국 고유의 관용구〉

拍马屁 pāi mǎpì 말 엉덩이를 두드리다, 전하여 아부하다:
> 몽골에서는 서로 만나면 상대방을 직접 칭찬하는 노골적인 아첨보다는 그 사람이 타고 있는 말의 엉덩이를 툭툭 치면서 말에 대해 칭찬함으로써 상대방의 기분을 좋게 했다는 데서 유래한 표현.

吹牛皮 chuī niúpí 소가죽에 바람을 불어넣다, 전하여 허풍 떨다:
> 황하 일대의 뱃사공들은 부력을 유지하기 위해 바람을 가득 집어 넣은 소가죽을 뗏목에 붙들어 메었는데, 그들이 평소 대화에서도 부푼 소가죽만큼이나 큰 허풍을 떨었다는 데서 유래한 표현.

| 단어 | □ 汽车 qìchē 자동차 □ 孤独 gūdú 고독하다, 외롭다 |

5
- 언제든 상관 없이(항상) 자기 자신을 믿어야 합니다.
- 당신은 언제든지 우리 집에 와도 됩니다.
- 그녀가 울 줄은 아무도 생각하지 못했습니다.
- 그녀는 어디를 가든 책을 들고 다닙니다.

6
- 나는 바쁘면 바쁠수록 즐겁습니다.
- 어떤 사람은 자동차가 비싸면 비쌀수록 좋다고 생각합니다.
- 비가 점점 더 많이 내립니다.
- 아는 사람이 많으면 많을수록 나는 더욱더 외로움을 느낍니다.

⑩ 你别拍我马屁了。Nǐ bié pāi wǒ mǎpì le.

戴绿帽 dài lǜmào 녹색 모자를 쓰다, 전하여 부인(혹은 애인)을 (지키지 못하고) 다른 남자에게 빼앗기다:
중국 명나라 때 기생들을 관리하던 기방의 관리자(남자)가 녹색 두건을 쓰고 있었던 데서 유래한 표현.

8 개사 '为[wèi]'의 용법

'为[wèi]'는 목적, 원인 혹은 동기를 표현하는 개사로, 뒤에 '着[zhe]' 혹은 '了[le]'를 덧붙이기도 한다. 목적을 표현할 때는 '……을 위하여', 원인 혹은 동기를 표현할 때는 '……때문에'로 번역한다.

- 今天我为自己做了晚饭。Jīntiān wǒ wèi zìjǐ zuò le wǎnfàn.
- 他为了公司的发展做出了很大的贡献。
  Tā wèile gōngsī de fāzhǎn zuòchū le hěn dà de gòngxiàn.
- 大家都为这件事儿烦恼。Dàjiā dōu wèi zhè jiàn shìr fánnǎo.

단어
- 公司 gōngsī 회사
- 发展 fāzhǎn 발전(하다)
- 贡献 gòngxiàn 공헌(하다)
- 烦恼 fánnǎo 걱정하다

8
- 오늘 나는 나 자신을 위해서 저녁밥을 지었습니다.
- 그는 회사의 발전을 위해서 아주 큰 공헌을 했습니다.
- 모두 다 이 일 때문에 고민입니다.

본문 课文 kèwén

1 취업 문제로 줄곧 우울해 하던 경민이 오늘은 갑자기 싱글벙글 웃는 얼굴로 리리에게 무엇인가 말하고 싶어 안달이 나 있다.

金景民 : 今天有一个好消息要向你报告。
Jīn Jǐngmín   Jīntiān yǒu yí ge hǎo xiāoxi yào xiàng nǐ bàogào.

王莉莉 : 到底什么事儿叫你这么激动?
Wáng Lìli   Dàodǐ shénme shìr jiào nǐ zhème jīdòng?

金景民 : 中国银行的面试结果出来了。
Jīn Jǐngmín   Zhōngguó yínháng de miànshì jiéguǒ chūlái le.

我被录用了。
Wǒ bèi lùyòng le.

王莉莉 : 真的? 你从什么时候开始上班?
Wáng Lìli   Zhēn de? Nǐ cóng shénme shíhou kāishǐ shàngbān?

金景民 : 具体的日程等下周才能知道。
Jīn Jǐngmín   Jùtǐ de rìchéng děng xiàzhōu cái néng zhīdao.

王莉莉 : 你仔细给我说说面试的技巧，好让我参考。
Wáng Lìli   Nǐ zǐxì gěi wǒ shuōshuo miànshì de jìqiǎo, hǎo ràng wǒ cānkǎo.

> **Tip**
> '叫(jiào)'는 '……로 하여금 ……하게 하다'는 뜻의 사역동사로 쓰였다.
> 예) 老师叫我念课文。
> Lǎoshī jiào wǒ niàn kèwén.
> 선생님이 나에게 본문을 읽으라고 했다.

새로 나온 단어

消息	xiāoxi	소식, 뉴스
到底	dàodǐ	도대체
叫	jiào	……하게 하다
激动	jīdòng	흥분하다
面试	miànshì	면접 시험
结果	jiéguǒ	결과
录用	lùyòng	채용하다
上班	shàng//bān	출근하다
*下班	xià//bān	퇴근하다
具体	jùtǐ	구체적이다
日程	rìchéng	일정
下周	xiàzhōu	다음 주
仔细	zǐxì	자세하다
技巧	jìqiǎo	기교, 테크닉
参考	cānkǎo	참고; 참고하다

고유명사
中国银行 Zhōngguó yínháng 중국은행

⑩ 你别拍我马屁了。Nǐ bié pāi wǒ mǎpì le.

金景民 当你面试时，态度要从容不迫，
Jīn Jǐngmín Dāng nǐ miànshì shí, tàidù yào cóngróng-búpò,

不要显得太紧张。
búyào xiǎnde tài jǐnzhāng.

王莉莉 这个谁都知道。说说有用的吧。
Wáng Lìli Zhè ge shéi dōu zhīdao. Shuōshuo yǒuyòng de ba.

金景民 目前还是很重视英语，托福或者托业考分
Jīn Jǐngmín Mùqián háishi hěn zhòngshì Yīngyǔ, Tuōfú huòzhě Tuōyè kǎofēn

越高越好。
yuè gāo yuè hǎo.

王莉莉 托业990分满分，我已经拿到960分了。
Wáng Lìli Tuōyè jiǔbǎi jiǔshí fēn mǎnfēn, wǒ yǐjing nádào jiǔbǎi liùshí fēn le.

金景民 我说你就是聪明。
Jīn Jǐngmín Wǒ shuō nǐ jiùshì cōngmíng.

王莉莉 你别拍我马屁了。
Wáng Lìli Nǐ bié pāi wǒ mǎpì le.

새로 나온 단어

当……时	dāng……shí	사건이나 행위가 발생한 시점을 표시한다
态度	tàidù	태도
从容不迫	cóngróng búpò	침착하다, 태연자약(하다)
显得	xiǎnde	……하게 보이다
紧张	jǐnzhāng	긴장하다
有用	yǒuyòng	쓸모 있다, 유용하다
目前	mùqián	지금, 현재
重视	zhòngshì	중시; 중시하다
托福	Tuōfú	토플(TOEFL)
托业	Tuōyè	토익(TOEIC)
考分	kǎofēn	시험 점수
越……越……	yuè……yuè……	……하면 할수록 ……하다
满分	mǎnfēn	만점
拿到	nádào	받다, 입수하다
聪明	cōngmíng	똑똑하다
拍马屁	pāi mǎpì	아첨하다

❷ 日记 Rìjì

| 日期 Rìqī | 八月一日 bāyuè yī rì 星期五 xīngqīwǔ | 天气 Tiānqì | 晴 qíng | |

虽然 Suīrán 找 zhǎo 工作 gōngzuò 的 de 过程 guòchéng 不 bú 太 tài 顺利 shùnlì，遭到 zāodào 了 le 无数 wúshù 挫折 cuòzhé，但 Dàn 最终 zuìzhōng 我 wǒ 还是 háishi 找 zhǎo 到 dào 了 le 一 yí 份 fèn 满意 mǎnyì 的 de 工作 gōngzuò。我 Wǒ 马上 mǎshàng 把 bǎ 这 zhè 个 ge 喜讯 xǐxùn 告诉 gàosu 了 le 莉莉 Lìli。听到 Tīngdào 喜讯 xǐxùn，莉莉 Lìli 也 yě 为 wèi 我 wǒ 感到 gǎndào 很 hěn 高兴 gāoxìng。

새로 나온 단어

过程	guòchéng	과정
顺利	shùnlì	순조롭다
遭到	zāodào	(불행한 혹은 불리한 일을) 당하다, 만나다
无数	wúshù	헤아릴 수 없다, 매우 많다
挫折	cuòzhé	좌절, 실패; 좌절하다, 실패하다
最终	zuìzhōng	최종, 마지막
满意	mǎnyì	만족하다
喜讯	xǐxùn	희소식, 기쁜 소식
为……	wèi……	……을 위하여
感到	gǎndào	느끼다

❿ 你别拍我马屁了。Nǐ bié pāi wǒ mǎpì le.

我有一个好消息要向你报告。
Wǒ yǒu yí ge hǎo xiāoxi yào xiàng nǐ bàogào.

바꿔 봅시다!

大家要 dàjiā yào
孩子们 háizimen
他要 tā yào

바꿔 봅시다!

他学习 tā xuéxí
我要了钱 wǒ yào le qián
大会提出建议 dàhuì tíchū jiànyì

当你面试时,不要显得太紧张。
Dāng nǐ miànshì shí, búyào xiǎnde tài jǐnzhāng.

바꿔 봅시다!

学习 xuéxí
吃饭 chī fàn
和别人聊天 hé biérén liáotiān

바꿔 봅시다!

做别的事 zuò biéde shì
看报纸 kàn bàozhǐ
总是看手表 zǒngshì kàn shǒubiǎo

단어
- 大会 dàhuì 대회
- 报纸 bàozhǐ 신문
- 别人 biérén 다른 사람
- 手表 shǒubiǎo 손목시계

这个谁都知道。
Zhè ge shéi dōu zhīdao.

바꿔 봅시다!

他 tā	不认识 bú rènshi
我姐姐 wǒ jiějie	不喜欢 bù xǐhuan
他们俩 tāmen liǎ	没吃 méi chī

托业考分越高越好。
Tuōyè kǎofēn yuè gāo yuè hǎo.

바꿔 봅시다!

离学校 lí xuéxiào	近 jìn	好 hǎo
考题 kǎotí	容易 róngyì	好 hǎo
汉语 Hànyǔ	学 xué	有意思 yǒuyìsi

⑩ 你别拍我马屁了。Nǐ bié pāi wǒ mǎpì le.

연습문제 练习 liànxí

听 tīng 듣기

1. 남녀의 대화 내용에 근거하여 정답을 찾으시오.

(1) A 明天要去面试　　B 最近太忙了　　C 很想和男的在一起

(2) A 想考托福考试　　B 想和男的聊天儿　　C 想一个人去报名

(3) A 怕找不到小狗　　B 觉得小狗很聪明　　C 不想找小狗了

(4) A 关于吃早饭　　B 关于旅游地点　　C 关于旅游日程

단어　报名 bào//míng 등록하다　　关于 guānyú ……에 관하여　　地点 dìdiǎn 지점

2. 녹음을 잘 듣고 주어진 명제의 옳고 그름을 판단하시오.

(1) ★ 我很懂电脑。　　　　　　　　　　　　　　(　　)

(2) ★ 昨天爸爸病了，没睡好觉。　　　　　　　　(　　)

(3) ★ 你找的那个银行离百货商场很近。　　　　　(　　)

(4) ★ 我在书店。　　　　　　　　　　　　　　　(　　)

단어　懂 dǒng 이해하다　　电脑 diànnǎo 컴퓨터　　书店 shūdiàn 서점　　水平 shuǐpíng 수준

阅读 yuèdú 읽기

1. 보기에서 적당한 단어를 골라 빈칸을 채우시오.

   보기   无数   为   向   都   显得

   (1) 他今天怎么(　　　)这么紧张？

   (2) 我找工作遭到了(　　　)挫折。

   (3) 听说我找到了工作，朋友们都(　　　)我感到很高兴。

   (4) 我(　　　)公司报告了事情的经过。

   (5) 昨天的比赛结果我们谁(　　　)不知道。

   단어   □ 公司 gōngsī 회사   □ 经过 jīngguò 과정, 경과

2. ABC를 순서에 맞게 배치하시오.

   (1) A 就喝了不少酒

   B 我爸爸平时几乎不喝酒

   C 但是昨天他一高兴　　_____

   (2) A 你们走错路了

   B 就会离你们去的地方越来越远

   C 要是这样一直走下去　　_____

   (3) A 我姐姐去年大学毕业

   B 她找工作的过程很不顺利

   C 遭到了无数挫折　　_____

   단어   □ 顺利 shùnlì 순조롭다

说 shuō 말하기

다음 질문에 답하시오.

(1) 请你说说这个周末的日程。

→ _____

(2) 你考过托业或者托福考试吗？考了多少分？

→ _____

(3) 你想找什么样儿的工作？

→ _____

写 xiě 쓰기

1. 주어진 단어를 중국어의 어순에 맞게 다시 배열하시오.

(1) 那个演员 / 名字 / 谁 / 的 / 不知道 / 都

→ _____

(2) 有意思 / 觉得 / 越……越…… / 这本 / 我 / 书 / 看

→ _____

(3) 他 / 他妈妈 / 把 / 告诉 / 了 / 那个喜讯

→ _____

(4) 听说 / 拍马屁 / 张小姐的弟弟 / 会 / 很

→ _____

2. 다음을 중국어로 작문하시오.

(1) 그의 누나는 아무도 좋아하지 않습니다.

→ _____

(2) 아무도 그의 누나를 좋아하지 않습니다.

→ _____

(3) 저에게 아부하지 마세요.

→ _____

(4) 중국어는 배우면 배울수록 재미있습니다.

→ _____

(5) 콜라는 마시면 마실수록 목이 마릅니다.

→ _____

단어　　□ 可乐 kělè 콜라

중국 문화 4

다국적 기업의 중국어 이름

외국 기업이 중국에 진출하면 제일 먼저 회사의 중국 이름을 작명하는데, 이에는 크게 다음 세 가지 명명 패턴이 있다. 여기서는 유명 다국적 기업의 중국어 이름을 중심으로 중국식 명명법의 실례를 살펴본다.

1. 음역법(소리나는대로 옮기는 방법)

- adidas(아디다스) – 阿迪达斯 Ādídásī
- OMEGA(오메가) – 欧米茄 Ōumǐjiā
- NIKE(나이키) – 耐克 Nàikè
- Häagen-Dazs(하겐다스) – 哈根达斯 Hāgēndásī
- Dow Jones(다우존스) – 道琼斯 Dào Qióngsī

2. 의역법(원어의 의미를 번역하는 방법)

- Microsoft(마이크로소프트) – 微软 Wēiruǎn
- Apple Computer(애플컴퓨터) – 苹果电脑 Píngguǒ diànnǎo
- volkswagen(폭스바겐) – 大众汽车公司 Dàzhòng qìchē gōngsī
- FedEx(페데럴 익스프레스) – 联邦快递 Liánbāng kuàidì
- ORACLE(오라클) – 甲骨文公司 Jiǎgǔwén gōngsī

3. 음역과 의역의 조합

- Master Card(마스터카드) – 万事达卡 Wànshìdá kǎ('만사가 다 이루어지다'라는 뜻의 '万事达'는 'Master'라는 발음도 겸하고 있다. '卡'는 'Card'라는 뜻)
- Benz(벤츠자동차) – 奔驰 Bēnchí('달리다'는 뜻의 '奔'과 '驰'는 벤츠라는 발음과 자동차 회사의 성격을 동시에 표현)
- P&G(피앤지) – 宝洁 Bǎojié('宝洁'는 'P&G'의 음역자임과 동시에 '保洁 (청결을 유지하다)'와 같은 발음)
- Dow Chemical(다우케미컬) – 陶氏化学公司 Táoshì huàxué gōngsī(설립자의 성 'Dow'는 소리 나는대로, 'Chemical'은 뜻을 번역하였다.)

第十一课

他连理都不理你。
Tā lián lǐ dōu bù lǐ nǐ.

학습목표

복문(7) – 긴축문과 병렬복문
既善良又潇洒 jì shànliáng yòu xiāosǎ

복문(8) – 가정양보복문
即使他知道了，也不会理我的。
Jíshǐ tā zhīdao le, yě bú huì lǐ wǒ de.

강조구문 '连[lián] …… 都[dōu]/也[yě]'의 용법(3)
他连理都不理你。Tā lián lǐ dōu bù lǐ nǐ.

복문(9) – 긴축문과 가정복문
我一想到他，就感到很高兴。
Wǒ yì xiǎngdào tā, jiù gǎndào hěn gāoxìng.

단어 生词 shēngcí

□□01	打扮	dǎban	동	치장하다
□□02	心上人	xīnshàngrén	명	마음에 둔 사람
□□03	秘密	mìmì	명	비밀
□□04	既……又……	jì……yòu……		……할 뿐만 아니라 ……하기까지 하다
□□05	善良	shànliáng	형	착하다
□□06	潇洒	xiāosǎ	형	자연스럽고 세련되다, 스마트하다
□□07	加上	jiāshàng	접	게다가
□□08	幽默	yōumò	형	익살맞다, 유머러스하다
□□09	即使	jíshǐ	접	설령……할 지라도
□□10	理	lǐ	동	거들떠보다, 상대하다
□□11	怪	guài	동	원망하다, 탓하다
□□12	整天	zhěngtiān	명	종일
□□13	形影不离	xíngyǐng-bùlí	성	그림자처럼 따라다니다
□□14	单相思	dānxiāngsī	명	짝사랑; 동 짝사랑하다
□□15	难受	nánshòu	형	괴롭다
□□16	暗恋	ànliàn	동	남모르게 사모하다, 몰래 사랑하다
□□17	对方	duìfāng	명	상대방
□□18	感情	gǎnqíng	명	감정

문법 语法 yǔfǎ

1 복문(7) – '既[jì] + P + 又[yòu] + Q'를 사용하는 긴축문과 병렬복문

가 모양은 단문이지만 의미적으로 복문에 상당하는 문장을 '긴축문'이라고 한다. 대부분의 경우, 종속절과 주절의 관계가 밀접하고 주어가 하나뿐이기 때문에 단문과 복문의 중간 형태라고 할 수 있다.

'既[jì]+P+又[yòu]+Q'는 어떤 물건 혹은 사람이 두 가지 상태, 동작, 상황, 특징을 가지고 있음을 표현하여 'P한데다 Q하기까지 하다'는 뜻을 나타내고, 'P'와 'Q'에는 구조가 서로 동일하거나 유사한 형용사(구), 동사(구) 등이 온다. 'Q'에는 화자가 의미의 중점을 두거나 'P'를 보충하는 정보가 오기 때문에 그 중요도의 차이로 인해 'P'와 'Q'는 서로 바꿀 수 없다.

어순 既[jì] + P[동사(구)/형용사(구)] + 又[yòu] + Q[동사(구)/형용사(구)]

这儿 **既** 安静 **又** 干净。
Zhèr **jì** ānjìng **yòu** gānjìng.

- 我**既**想去北京，**又**想去上海。Wǒ **jì** xiǎng qù Běijīng, **yòu** xiǎng qù Shànghǎi.
- 我们俩**既**是朋友，**又**是对手。Wǒmen liǎ **jì** shì péngyou, **yòu** shì duìshǒu.
- 他**既**不会说汉语，**又**不会说英语。Tā **jì** bú huì shuō Hànyǔ, **yòu** bú huì shuō Yīngyǔ.

나 '又[yòu] + P + 又[yòu] + Q'와의 차이점

① '又[yòu]+P+又[yòu]+Q'는 'P'와 'Q'를 서로 바꾸어도 문법적 혹은 의미적으로 성립되지만, '既[jì]+P+又[yòu]+Q'의 'P'와 'Q'는 서로 바꿀 수 없다.

② '又[yòu]+P+又[yòu]+Q'는 '又[yòu]+P+又[yòu]+Q+又[yòu]+S……'와 같이 (이론적으로는) 셋 혹은 그 이상의 사항을 나열할 수도 있지만, '既[jì]+P+又[yòu]+Q'는 보통 두 가지 사항만 진술한다.

단어 □ 干净 gānjìng 깨끗하다   □ 对手 duìshǒu 호적수, 라이벌

1 가. · 여기는 조용한데다 깨끗하기까지 합니다.
· 나는 베이징에 가고 싶은데다 상하이에도 가고 싶습니다.
· 우리 둘은 친구인데다 라이벌이기도 합니다.
· 그는 중국어를 할 수 없는데다 영어도 못 합니다.

⓫ 他连理都不理你。Tā lián lǐ dōu bù lǐ nǐ.

문법 语法 yǔfǎ

2 복문(8) – '即使[jíshǐ] + P + 也[yě] + Q'를 사용하는 가정양보복문

'P'에는 양보의 의미를 가진 가정절이 오고, 'Q'에는 예상과는 다른 결과나 결론이 등장한다. 우리말로는 '설령 P한다고 할지라도 Q한다'라고 옮겨지는데, 'P'의 내용은 '아직 실현되지 않은 가정'이어야 하고, 주절의 '也[yě]'는 생략할 수 없다.

> **어순** 即使[jíshǐ] + P(가정양보절) + 也[yě] + Q(주절)

即使　我不说什么，　她　也　会知道。
Jíshǐ wǒ bù shuō shénme, tā yě huì zhīdao.

- 即使你们都不去，我一个人也要去。Jíshǐ nǐmen dōu bú qù, wǒ yí ge rén yě yào qù.
- 即使我不知道你的地址，也能找到你。
  Jíshǐ wǒ bù zhīdào nǐ de dìzhǐ, yě néng zhǎodào nǐ.
- 即使工作再忙，你每天也要锻炼身体。
  Jíshǐ gōngzuò zài máng, nǐ měi tiān yě yào duànliàn shēntǐ.

3 강조구문 '连[lián] …… 都[dōu]/也[yě]'의 용법(3)

'连[lián]'과 '都[dōu]/也[yě]'의 사이에 동사를 삽입하고 동일한 동사의 부정형을 '都[dōu]/也[yě]'의 뒤에 사용하여 '(……하려고 해도 심지어) ……조차도 ……하지 않는다'는 의미로 주어의 극단적인 행위를 강조한다.

> **어순** 连[lián] + 동사₁ + 都[dōu]/也[yě] + 不[bù]/没有[méiyǒu] + 동사₁

- 这种电影，我连看都不想看。Zhè zhǒng diànyǐng, wǒ lián kàn dōu bù xiǎng kàn.
- 这个箱子太重了，我们俩连抬也抬不动。
  Zhè ge xiāngzi tài zhòng le, wǒmen liǎ lián tái yě táibudòng.
- 你认识他吗？我怎么连听都没听过？Nǐ rènshi tā ma? Wǒ zěnme lián tīng dōu méi tīngguo.

> **참고** 강조구문 '连[lián]……都[dōu]/也[yě]'의 용법(1): Step2 제13과 (152쪽)
> 　　　　강조구문 '连[lián]……都[dōu]/也[yě]'의 용법(2): Step4 제7과 (104쪽)

> **단어** □ 地址 dìzhǐ 주소　□ 箱子 xiāngzi 상자, 트렁크　□ 抬 tái (두 사람이 물건을) 맞들다

4 복문(9) – '一[yī] + P + 就[jiù] + Q'를 사용하는 긴축문과 가정복문

'一[yī]+P+就[jiù]+Q' 역시 주절과 종속절이 밀접하게 연관되어 있는 긴축문에 속한다. 종속절 'P'에 동사(구)가 와서 'P'라는 짧은 동작을 하자마자 (시간적 공백 없이) 바로 'Q'라는 결론에 도달한다는 뜻을 나타낸다. 간혹 긴축문의 형식을 벗어나 종속절과 주절의 주어가 다른 완전한 복문의 형태를 갖추는 경우도 있는데, 그 어떠한 경우에도 종속절의 주어는 '一[yī]'의 앞, 주절의 주어는 '就[jiù]'의 앞에 위치한다.

어순 주어 + 一[yī] + P(가정절) + 就[jiù] + Q(주절)

她　一　放假　就　要回国。
Tā　yí　fàngjià　jiù　yào huíguó.

- 我一喝酒就脸红。Wǒ yì hē jiǔ jiù liǎn hóng.
- 你一不小心就会摔倒。Nǐ yí bù xiǎoxīn jiù huì shuāidǎo.
- 我住的地方交通很方便，一出门就是地铁站。
  Wǒ zhù de dìfang jiāotōng hěn fāngbiàn, yì chū mén jiù shì dìtiězhàn.
- 我一犯错误，妈妈就骂我。Wǒ yí fàn cuòwù, māma jiù mà wǒ.

단어
- 摔倒 shuāidǎo 넘어지다
- 地方 dìfang 곳, 장소
- 犯错误 fàn cuòwù 잘못을 저지르다
- 骂 mà 욕하다, 꾸짖다

2
- 설령 내가 뭐라고 하지 않더라도, 그녀는 알 겁니다.
- 설령 당신들이 다 가지 않더라도, 나는 혼자서라도 갈 겁니다.
- 설령 내가 당신의 주소를 모른다고 하더라도, 당신을 찾아낼 수 있습니다.
- 설령 일이 아무리 바쁘더라도, 당신은 매일 몸을 단련해야 합니다.

3
- 이런 종류의 영화는 (내가) 보고 싶은 마음조차도 생기지 않습니다.
- 이 트렁크는 너무 무거워서 우리 둘이 들려고 해도 들 수가 없습니다.
- 당신은 그를 압니까? 나는 왜 (심지어) 들어 본 적도 없을까요?

4
- 그녀는 방학하자마자 귀국할 겁니다.
- 나는 술을 마시자마자 얼굴이 빨개집니다.
- 당신이 주의하지 않으면 바로 넘어질 겁니다.
- 내가 사는 곳은 교통이 무척 편리해서 집을 나서면 바로 지하철역입니다.
- 내가 잘못을 저지르자마자 엄마는 나를 혼냅니다.

⑪ 他连理都不理你。Tā lián lǐ dōu bù lǐ nǐ.

본문 课文 kèwén

1 장밍은 요즘 외출할 때, 화장과 옷차림에 유난히 공을 들인다. 리리는 그녀에게 남자 친구가 생긴 것 같은 느낌이 들어서 상대가 누구인지 살짝 떠보고 싶은 생각에 말을 건다.

王莉莉 Wáng Lìli	张明，你最近怎么这么爱打扮？ Zhāng Míng, nǐ zuìjìn zěnme zhème ài dǎban?	

张 明　　我有了心上人。
Zhāng Míng　Wǒ yǒu le xīnshàngrén.

王莉莉　　真的吗? 是谁? 是我认识的人吗?
Wáng Lìli　Zhēn de ma? Shì shéi? Shì wǒ rènshi de rén ma?

张 明　　秘密。
Zhāng Míng　Mìmì.

王莉莉　　他人怎么样?
Wáng Lìli　Tā rén zěnmeyàng?

张 明　　既善良又潇洒，加上还很幽默。
Zhāng Míng　Jì shànliáng yòu xiāosǎ, jiāshàng hái hěn yōumò.

새로 나온 단어

打扮	dǎban	치장하다		善良	shànliáng	착하다
心上人	xīnshàngrén	마음에 둔 사람		潇洒	xiāosǎ	자연스럽고 세련되다, 스마트하다
秘密	mìmì	비밀		加上	jiāshàng	게다가
既……又……	jì……yòu……	……할 뿐만 아니라 ……하기까지 하다		幽默	yōumò	익살맞다, 유머러스하다

王莉莉 Wáng Lìli	他也知道你喜欢他吗? Tā yě zhīdao nǐ xǐhuan tā ma?
张 明 Zhāng Míng	即使他知道了，也不会理我的。 Jíshǐ tā zhīdao le, yě bú huì lǐ wǒ de.
王莉莉 Wáng Lìli	他连理都不理你，你为什么还要喜欢他? Tā lián lǐ dōu bù lǐ nǐ, nǐ wèishénme hái yào xǐhuan tā?
张 明 Zhāng Míng	这不能怪他。他和他的女朋友整天都 Zhè bù néng guài tā. Tā hé tā de nǚpéngyou zhěngtiān dōu 形影不离。 xíngyǐng-bùlí.
王莉莉 Wáng Lìli	你一个人单相思，心里不难受吗? Nǐ yí ge rén dānxiāngsī, xīnli bù nánshòu ma?
张 明 Zhāng Míng	我一想到他，就感到很高兴。 Wǒ yì xiǎngdào tā, jiù gǎndào hěn gāoxìng. 每天看到他，都会很开心。 Měi tiān kàndào tā, dōu huì hěn kāixīn.

새로 나온 단어

即使	jíshǐ	설령……할 지라도		形影不离	xíngyǐng-bùlí	그림자처럼 따라다니다
理	lǐ	거들떠보다, 상대하다		单相思	dānxiāngsī	짝사랑, 짝사랑하다
怪	guài	원망하다, 탓하다		难受	nánshòu	괴롭다
整天	zhěngtiān	종일				

❷ 日记 Rìjì

| 日期 Rìqī | 八月十六日 bāyuè shíliù rì | 星期六 xīngqīliù | 天气 Tiānqì | 晴 qíng |

我听莉莉说，张明有了喜欢的人，已经暗恋挺长时间了。可是对方不知道张明喜欢他，而且他已经有女朋友了。他和他的女朋友，感情特别好。

Wǒ tīng Lìli shuō, Zhāng Míng yǒu le xǐhuan de rén, yǐjing ànliàn tǐng cháng shíjiān le. Kěshì duìfāng bù zhīdào Zhāng Míng xǐhuan tā, érqiě tā yǐjing yǒu nǚpéngyou le. Tā hé tā de nǚpéngyou, gǎnqíng tèbié hǎo.

새로 나온 단어

| 暗恋 | ànliàn | 남모르게 사모하다, 몰래 사랑하다 | 感情 | gǎnqíng | 감정 |
| 对方 | duìfāng | 상대방 | | | |

 句型练习 jùxíng liànxí 기본문형 익히기

他既善良又潇洒。
Tā jì shànliáng yòu xiāosǎ.

> 바꿔 봅시다!

	聪明 cōngming	努力 nǔlì
他弟弟 tā dìdi		
那道数学题 nà dào shùxuétí	难 nán	复杂 fùzá
这是一件 zhè shì yí jiàn	容易 róngyì	难的事 nán de shì

即使他知道了，也不会理我的。
Jíshǐ tā zhīdao le, yě bú huì lǐ wǒ de.

> 바꿔 봅시다!

我不爱喝牛奶，妈妈 wǒ bú ài hē niúnǎi, māma	要让我喝 yào ràng wǒ hē
明天下雨，我 míngtiān xiàyǔ, wǒ	要去 yào qù
汉语很难，我 Hànyǔ hěn nán, wǒ	要学 yào xué

단어
- 努力 nǔlì 노력하다
- 道 dào 문제 따위를 세는 양사
- 数学题 shùxuétí 수학 문제
- 复杂 fùzá 복잡하다
- 牛奶 niúnǎi 우유

⑪ 他连理都不理你。 Tā lián lǐ dōu bù lǐ nǐ.

他连理都不理你。
Tā lián lǐ dōu bù lǐ nǐ.

바꿔 봅시다!

说 shuō
喝 hē
听 tīng

바꿔 봅시다!

说 shuō
喝 hē
听 tīng

我一想到他，就感到很高兴。
Wǒ yì xiǎngdào tā, jiù gǎndào hěn gāoxìng.

바꿔 봅시다!

他 tā
学生们 xuéshēngmen
弟弟 dìdi

바꿔 봅시다!

开口 kāikǒu
上课 shàngkè
到十点 dào shí diǎn

바꿔 봅시다!

说累 shuō lèi
很安静 hěn ānjìng
去睡觉 qù shuìjiào

연습문제 练习 liànxí

听 tīng 듣기

1. 남녀의 대화 내용에 근거하여 정답을 찾으시오.

(1) A 男的这样做会让妈妈生气　　B 妈妈是不会给买的　　C 妈妈有可能给男的买新手机

(2) A 这道菜不好吃　　B 爸爸被妈妈骗了　　C 家人都喜欢吃妈妈做的菜

(3) A 女的喜欢长得帅的　　B 女的喜欢幽默的人　　C 男的很潇洒

(4) A 和女朋友　　B 和妹妹　　C 班上的同学们

단어
- 想法 xiǎngfǎ 생각
- 根据 gēnjù 근거하다
- 段 duàn 사물의 한 부분을 나타내는 양사. 단락, 토막
- 部 bù 영화 등을 세는 양사. 편

2. 녹음을 잘 듣고 주어진 명제의 옳고 그름을 판단하시오.

(1) ★ 他们非常喜欢你做的菜。　　(　　)

(2) ★ 最近公司里的事情很多。　　(　　)

(3) ★ 我已经喝咖啡了。　　(　　)

(4) ★ 我不喜欢她买的衣服。　　(　　)

단어
- 公司 gōngsī 회사
- 决定 juédìng 결정하다
- 说明 shuōmíng 설명하다
- 理由 lǐyóu 이유

⑪ 他连理都不理你。Tā lián lǐ dōu bù lǐ nǐ.

阅读 yuèdú 읽기

1. 보기에서 적당한 단어를 골라 빈칸을 채우시오.

   보기   也   一   理   爱   就   怪

   (1) 他昨天生我气了，今天一直不(　　　)我。

   (2) 这都是我的错，你不要(　　　)孩子。

   (3) 即使他知道了，(　　　)不会喜欢我的。

   (4) 他(　　　)看炸鸡，(　　　)想起啤酒。

   (5) 我姐姐最近很(　　　)打扮。

2. ABC를 순서에 맞게 배치하시오.

   (1) A 所以外面一下雨

   　　B 他就不去锻炼身体

   　　C 我爸爸不喜欢雨天　　_____

   (2) A 中国菜好吃是好吃

   　　B 很多人都特别爱吃

   　　C 就是油多容易胖　　_____

   (3) A 又愿意帮人

   　　B 同学们没有一个不喜欢他的

   　　C 他这个人既学习好　　_____

   단어　□ 愿意 yuànyi ……하기를 바라다

说 shuō 말하기

다음 질문에 답하시오.

(1) 你谈过恋爱吗?

→ _____

(2) 你喜欢什么样儿的人?

→ _____

(3) 如果有人暗恋你，你会怎么办?

→ _____

写 xiě 쓰기

1. 주어진 단어를 중국어의 어순에 맞게 다시 배열하시오.

(1) 连 / 不 / 理我 / 理 / 她 / 都

→ _____

(2) 打扮 / 爱 / 她 / 非常

→ _____

(3) 可爱 / 聪明 / 小狗 / 既 / 又 / 那只

→ _____

(4) 什么名字 / 也 / 叫 / 不知道 / 他 / 这个

→ _____

2. 다음을 중국어로 작문하시오.

(1) 설령 그가 간다고 하더라도, 저는 가지 않을 겁니다.

→ _____

(2) 그는 왜 저를 아는 척도 하지 않습니까?

→ _____

(3) 그것은 그를 탓할 수 없습니다.

→ _____

(4) 그는 혼자서 짝사랑을 합니다.

→ _____

(5) 그들은 온종일 그림자처럼 붙어다닙니다.

→ _____

第十二课

후반부 총복습

- 본문 복습
- 새로 나온 단어
- 문법 사항 복습

亲爱的爸爸妈妈：
Qīn'ài de bàba māma:

你们好！我马上就要开学了。
Nǐmen hǎo! Wǒ mǎshàng jiù yào kāixué le.

今年夏天韩国特别热，现在快要九月了，气温还是37.8度。加上湿度又高，真让人受不了。北京的天气也应该很热吧？听新闻报道说，北京比首尔热得更厉害。希望你们多保重身体。
Jīnnián xiàtiān Hánguó tèbié rè, xiànzài kuài yào jiǔyuè le, qìwēn háishi sānshíqī diǎn bā dù. Jiāshàng shīdù yòu gāo, zhēn ràng rén shòubuliǎo. Běijīng de tiānqì yě yīnggāi hěn rè ba? Tīng xīnwén bàodào shuō, Běijīng bǐ Shǒu'ěr rè de gèng lìhai. Xīwàng nǐmen duō bǎozhòng shēntǐ.

새로 나온 단어

湿度	shīdù	습도	
新闻	xīnwén	(신문이나 방송 따위의) 뉴스	
报道	bàodào	보도; 보도하다	
希望	xīwàng	희망; 희망하다	
保重	bǎozhòng	몸 조심하다, 건강에 주의하다	

祝你们身体健康!
Zhù nǐmen Shēntǐ jiànkāng!

女儿莉莉
Nǚ'ér Lìli

八月二十六日
Bāyuè èrshíliù rì

문법 사항 복습

A. 시량보어의 용법(2): 동작의 지속 시간을 표시

> 어순: 주어 + 동사 + 시량보어 (+ 的[de]) + 목적어

❶ 나는 어제 한 시간 동안 전화를 했습니다. ⇨ _____

❷ 나는 매일 텔레비전을 두 시간씩 봅니다. (电视 diànshì: 텔레비전)

⇨ _____

❸ 우리 오빠는 한 달 동안 중국어를 배웠습니다. ⇨ _____

❹ 그녀는 이틀 동안 숙제를 했습니다. ⇨ _____

B. 동태조사 '着[zhe]'의 용법(2)

> 동사₁(A)의 동작을 계속하고 있는 와중에 동사₂(B)의 동작이 발생하고, 그 과정에서 'A'의 동작은 자연스럽게 소멸됨을 표현한다.
>
> 어순: 주어 + 동사₁(A) + 着[zhe] + 동사₁(A) + 着[zhe] + 동사₂(B) + 목적어

❶ 아이가 울다가 잠들었습니다. ⇨ _____

❷ 아이가 걷다가 넘어졌습니다. (摔倒 shuāidǎo: 넘어지다)

⇨ _____

❸ 그녀는 말하다 보니 울기 시작했습니다. ⇨ _____

❹ 이야기를 하다 하다 날이 밝았습니다. ⇨ _____

C. 강조구문 '连[lián]……都[dōu]/也[yě]'의 용법(2)

> '심지어 단 한 개의 ……조차도 ……하지 않는다'는 극단적인 강조의 뜻을 표현한다.
>
> 어순: 连[lián] + 一 + 양사 + 명사 + 都[dōu]/也[yě] + 不/没(有) + 동사(형용사)

❶ 교실 안에는 학생이 단 한 명도 없습니다. ⇨ _____

❷ 이번 달에 나는 단 하루도 쉰 적이 없습니다. ⇨ _____

❸ 오늘 버스 안에는 빈자리가 단 하나도 없습니다. ⇨
❹ 그는 친구가 단 한 명도 없습니다. ⇨

D. 절대적 '把[bǎ]'자문

> 구조적인 문제로 인하여 '把'자문의 형태로만 존재할 수 있는 문형이다.
> 가. 주어 + 把[bǎ] + 목적어 + 동사 + 在[zài]/到[dào] + 장소
> 나. 주어 + 把[bǎ] + 목적어 + 동사 + 给[gěi] + 대상(사람)

❶ 당신이 이 의자를 교실 안으로 옮겨 주세요. (椅子 yǐzi: 의자)
⇨

❷ 그는 그 물건들을 책상 위에 두었습니다. (桌子 zhuōzi: 책상)
⇨

❸ 저는 이 책을 제 남동생에게 부쳐 주고 싶습니다.
⇨

❹ 저는 이 자리를 저 아주머니에게 양보하고 싶습니다.
⇨

E. 어림수를 나타내는 '多[duō]'의 용법

> 가. 어순: 수사 + 多[duō] + 양사(도량형) + (명사): 수사의 '+10%~30%'정도 까지 커버
> 나. 어순: 수사 + 양사(도량형) + 多[duō] + 명사: 범위는 '수사+1' 미만

❶ 십여 명 ⇨
❷ 이십여 명 ⇨
❸ 일 년여 ⇨
❹ 십 년여 ⇨
❺ 십여 년 ⇨
❻ 한 시간 남짓 ⇨

❼ 열 시간 남짓 ⇨

❽ 십여 시간 ⇨

F. 조건복문 '只有[zhǐyǒu]……才[cái]'의 용법

오직 'P'해야만 비로소 'Q'할 수 있다.
어순: '只有[zhǐyǒu] + 절대조건(P) + 才[cái] (+ 能[néng]) + 동사구/주술구(Q)'

❶ 물을 많이 마셔야만 건강할 수 있습니다. ⇨

❷ 매일 몸을 단련해야만 건강할 수 있습니다. ⇨

❸ 적게 먹어야만 살을 뺄 수 있습니다. (减肥 jiǎn//féi: 살을 빼다)

⇨

❹ 아빠가 먹지 말라고 해야만 그 아이는 먹지 않습니다.

⇨

G. 조건복문 '只要[zhǐyào]……就[jiù]'의 용법:

'P'하기만 하면 'Q'한다.
어순: '只要[zhǐyào] + 일반조건(P) + 就 (+ 能[néng]) + 동사구/주술구(Q)'

❶ 물만 많이 마시면 건강할 수 있습니다. ⇨

❷ 매일 몸을 단련하면 건강할 수 있습니다. ⇨

❸ 적게만 먹으면 살을 뺄 수 있습니다.

⇨

❹ 아빠가 먹지 말라고만 하면 그 아이는 (바로) 먹지 않습니다.

⇨

H. 부사 '千万[qiānwàn]'의 용법

'반드시', '절대로'라는 뜻. 주로 상대방의 주의를 환기시키거나 다른 사람에게 충고할 때 쓰는 표현이다.
긍정문: 千万[qiānwàn] + 要[yào] + 동사 + 목적어
부정문: 千万[qiānwàn] + 不要[búyào]/别[bié]/不能[bùnéng] + 동사 + 목적어

❶ 운전할 때는 반드시 조심해야 합니다. (开车 kāi//chē: 운전하다)
⇨

❷ 운전할 때는 절대로 휴대 전화를 걸어서는 안 됩니다.
⇨

❸ 앞으로는 아침밥을 반드시 먹어야 합니다. ⇨

❹ 앞으로는 저녁밥을 절대로 먹지 마세요. ⇨

I. 의문사의 임의지시 용법

'어떤 범위 내에서 어떠한 예외도 없음'을 표현하는 비의문 용법이다.
어순: (不论[búlùn]/无论[wúlùn]/不管[bùguǎn]) + 의문사 + 都[dōu]/也[yě]

❶ 당신은 언제든지 우리 집에 와도 괜찮습니다. ⇨

❷ 누구도 그녀가 오지 않을 줄은 생각하지 못 했습니다.
⇨

❸ 우리 언니는 아무도 좋아하지 않습니다. ⇨

❹ 누구도 우리 언니를 좋아하지 않습니다. ⇨

❺ 그는 아무도 믿지 않습니다. (相信 xiāngxìn: 믿다)
⇨

❻ 아무도 그를 믿지 않습니다. ⇨

J. '越[yuè]……越[yuè]……'의 용법

> 'A하면 할수록 더욱 B하다'는 점층의 뜻을 표현한다.
> 어순: 越[yuè] + A[형용사(구)/동사(구)] + 越[yuè] + B[형용사(구)/동사(구)]

❶ 비는 내리면 내릴수록 더 심해집니다. ⇨ _____

❷ 중국어는 배우면 배울수록 재미있습니다. ⇨ _____

❸ 영어는 배우면 배울수록 어렵습니다. ⇨ _____

❹ 사람이 많으면 많을수록 좋습니다. ⇨ _____

❺ 시험 문제는 쉬우면 쉬울수록 좋습니다. (考题 kǎotí: 시험 문제)

⇨ _____

K. 긴축문 '既[jì] + P + 又[yòu] + Q'의 용법

> 'P하기도 한데다 Q하기까지 하다'는 뜻을 나타내는 단문과 복문의 중간 형태이다.

❶ 이 방은 조용한데다 깨끗하기까지 합니다. (房间 fángjiān: 방)

⇨ _____

❷ 그녀는 똑똑한데다 착하기까지 합니다. (善良 shànliáng: 착하다)

⇨ _____

❸ 그는 중국어를 할 줄 모르는데다, 영어도 할 줄 모릅니다.

⇨ _____

❹ 우리 둘은 친구인데다, 라이벌이기도 합니다. (对手 duìshǒu: 호적수, 라이벌)

⇨ _____

L. '又[yòu] + P + 又[yòu] + Q'의 용법

> 'P'하기도 하고 'Q'하기도 하다.

❶ 이 방은 조용하기도 하고 깨끗하기도 합니다. ⇨ _____

❷ 그녀는 똑똑하기도 하고 착하기도 합니다. ⇨ _____

❸ 그는 영어도 할 줄 모르고, 중국어도 할 줄 모릅니다.

⇨

❹ 그녀의 머리카락은 길고도 검습니다. ⇨

M. 가정양보복문 '即使[jíshǐ] + P + 也[yě] + Q'

> '설령 (P)한다고 할 지라도 (Q)한다'는 뜻을 표현한다.
> 'P'는 '실현되지 않은 가정'이어야 하고, 주절의 '也'는 생략할 수 없다.
> 어순: 即使[jíshǐ] + P(가정양보절) + 也[yě] + Q(주절)

❶ 내가 뭐라고 말하지 않아도, 그녀는 알 겁니다. ⇨

❷ 당신들이 모두 가지 않는다고 해도, 나는 갈 것입니다.

⇨

❸ 설령 당신이 만든 요리가 맛이 없다고 해도, 나는 먹을 것입니다.

⇨

❹ 설령 엄마가 맛있다고 말해도, 아빠는 먹지 않을 겁니다.

⇨

N. 가정복문 '一[yī] + P + 就[jiù] + Q'의 용법

> 'P'라는 짧은 동작을 하자마자 (시간적 공백없이) 바로 'Q'라는 결론에 도달한다는 뜻을 표현한다.
> 어순: 주어 + 一[yī] + P(가정절) + 就[jiù] + Q(주절)

❶ 저는 방학하자마자 귀국하려고 합니다. (放假 fàngjià: 방학하다)

⇨

❷ 제가 말하자마자 그는 알아들었습니다. ⇨

❸ 그 아이는 밥을 다 먹자마자 놀러 나갔습니다. ⇨

❹ 그 아이는 숙제를 끝내자마자 텔레비전 볼 생각을 합니다. (电视 diànshì: 텔레비전)

⇨

제1과

듣기 원문

1. (1) 男：你怎么了?
    女：我口很渴，想喝点儿什么。
    男：要不要去咖啡店坐一会儿?
    女：不要了。你去商店给我买一瓶水吧。
    问：女的是什么意思?

   (2) 女：这个杯子真好看。在哪儿买的? 我也想买一个。
    男：对不起，我也不知道。
    女：不是你买的吗?
    男：不是。是我朋友送我的。
    问：杯子是谁的?

   (3) 男：我常听不懂老师的话。你呢?
    女：我也跟你一样。
    男：我觉得老师说得太快了。
    女：对。我们建议老师说慢一点儿，怎么样?
    问：他们觉得老师怎么样?

   (4) 女：你快帮我拿一拿这些东西吧。
    男：你怎么买了这么多东西?
    女：超市正在打折呢。东西卖得很便宜。
    男：可是你和我吃不了这么多。
    问：男的是什么意思?

2. (1) 因为现在是旅游淡季，应该不难买到去北京的票。你让小张不用担心。
    ★ 小张要去北京。

   (2) 今天是周末，我和朋友约好在东方明珠前边见面。但是那儿人太多了，差点儿没能见到朋友。
    ★ 我没有见到朋友。

   (3) 妈妈说最近天气越来越冷了，让我多穿点儿衣服。可是我一点儿也不觉得冷呢。
    ★ 天气很冷，我想多穿点儿衣服。

   (4) 我家附近的那家百货商场非常大。你到那儿可以大饱眼福。
    ★ 我家附近没有百货商场。

연습문제 정답

[听 tīng 듣기]

1. (1) B (2) C (3) A (4) B
2. (1) O (2) X (3) X (4) X

[阅读 yuèdú 읽기]

1. (1) 他口渴(得)很厉害。
   (2) 杯子(被)弟弟打碎了。
   (3) 请大家稍等(一会儿)。
   (4) 你别担心，他们那儿(有)东西吃。
   (5) 请你多买(些)水果吧。
2. (1) BCA (2) ACB (3) ABC

[写 xiě 쓰기]

1. (1) 那个杯子被弟弟打碎了。
   (2) 他家里没有水喝。
   (3) 老师建议我们多说汉语。
   (4) 我觉得口很渴。/ 我觉得很口渴。
2. (1) 这儿有水喝吗?
   (2) 家里有饭吃吗?
   (3) 我现在口渴得很厉害。
   (4) 我现在肚子饿得很厉害。
   (5) 老师建议我们多说汉语。

제2과

듣기 원문

1. (1) 男：你新买的那把蓝色伞可以借我用一下吗?
    女：对不起，那把伞被弄丢了。
    男：什么时候?
    女：昨天在地铁。
    问：被弄丢的那把伞是什么颜色的?

   (2) 女：你的手和腿怎么了? 要不要紧?
    男：不要紧。
    女：腿出血呢。你还说不要紧。
    男：就出了一点儿血。请你不用担心。
    问：男的是什么意思?

   (3) 男：你去过小张家吗?
    女：去过。我常去她家玩儿。

男：她家住几楼?
女：住十楼。要坐电梯上去。
问：根据以上的对话，关于小张我们可以知道什么?
(4) 女：快起床吧。你不怕上课迟到吗?
男：几点了?
女：快要八点了。
男：没关系，不会迟到。我下午才有课。
问：男的最可能几点上课?

2. (1) 我的自行车丢了。今天只好坐公共汽车去学校。这个时间坐公共汽车很不方便，路上特别堵车。
★ 我平时骑自行车上学。
(2) 我最近胖了十多斤，所以为了减肥从昨天开始没坐电梯。我打算以后天天爬楼梯。
★ 我今天没坐电梯。
(3) 那个红色的杯子是我去年生日的时候，我的中国朋友送给我的。我很喜欢用那个杯子喝咖啡。可是昨天妈妈洗碗的时候不小心打碎了。
★ 我今天也用那个红色的杯子喝咖啡了。
(4) 这次英语考试我考得非常不好。妈妈看我这几天因为英语考试心情不好，就对我说了一些打气的话。
★ 我这次英语考试考得挺不错的。

연습문제 정답

[听 tīng 듣기]
1. (1) C (2) A (3) B (4) C
2. (1) O (2) O (3) X (4) X

[阅读 yuèdú 읽기]
1.(1) 请你们再加(把)劲。
(2) 他(被)自行车撞倒了。
(3) 我爸爸最近更不爱(爬)楼梯了。
(4) 我(怕)明天会下雨。
(5) 咱们(还是)坐电梯吧。
2. (1) BAC (2) CAB (3) ACB

[写 xiě 쓰기]
1. (1) 他的腿出了一点儿血。

(2) 他不小心被自行车撞倒了。
(3) 老师快要走进教室里去了。
(4) 咱们还是坐电梯吧。
2. (1) 我昨天不小心在路上被自行车撞倒了。
(2) 你能爬楼梯吗?
(3) 谢谢你帮我打气。
(4) 电梯前边排了长队。
(5) 我本来想坐电梯上去。

제3과

듣기 원문

1. (1) 男：你在喝咖啡吗?
女：没有。我在喝牛奶呢。
男：我早上没吃饭。你也给我一杯吧。
女：好的。你稍等一会儿。
问：男的跟女的要什么?
(2) 女：你的这条领带是新买的吗?
男：对，昨天去百货商场买的。
女：裤子和衬衫呢？也都是昨天买的吗?
男：不是。衬衫是昨天买的，裤子是去年买的。
问：男的去年买的是什么?
(3) 男：你女儿像你吗?
女：不，她像她爸爸。
男：那你儿子呢?
女：我儿子也和他姐姐一样。
问：女的的儿子像谁?
(4) 女：平时王老师看起来很年轻，今天怎么了?
男：是啊，今天非常显老。
女：是不是因为换了发型呢?
男：也许吧。
问：王老师可能怎么样了?

2. (1) 现在是十一月，我哥哥还有三个月就要大学毕业了。他到现在写了很多求职简历书，可是不知为什么都如石沉大海，毫无音信。
★ 我哥哥已经找到工作了。

(2) 小张的妈妈跟我妈妈一样，今年她们两个人都五十岁了。可是小张的妈妈看起来很年轻，一点儿也不像五十岁的人。我妈妈却很显老，看起来比五十岁还大。

★ 小张的妈妈和我妈妈是同学。

(3) 老师让我们明天每人带一张小时候的照片来。我就回家找出了几张小时候的照片，照片上的我又小又可爱。

★ 明天我要带照片去学校。

(4) 昨天路上发生了一起交通事故，非常堵车。有一个人被汽车撞倒了，那个人看起来伤得很严重，马上被送到医院了。

★ 被汽车撞倒的人被送到医院了。

연습문제 정답

[听 tīng 듣기]
1. (1) B   (2) B   (3) A   (4) C
2. (1) X   (2) X   (3) O   (4) O

[阅读 yuèdú 읽기]
1. (1) 你(把)那张照片拿给我看看。
   (2) 他贴(在)信封上的邮票是我的。
   (3) 这首歌听(起来)很好听。
   (4) 我听老师说寒假(前后)会有一场球赛。
   (5) 这张照片(拍)得不好看。
2. (1) BCA   (2) ACB   (3) BCA

[写 xiě 쓰기]
1. (1) 请你把做好的菜拿给我尝尝。
   (2) 老师让学生们重新做作业。
   (3) 照片上的妈妈看起来非常年轻。
   (4) 请你顺便把这些带给他。
2. (1) 我想把这些送给我朋友。
   (2) 贴在简历书上的这张照片是什么时候拍的?
   (3) 我像爸爸。
   (4) 我妹妹不像妈妈。
   (5) 你这样穿，很显老。

제4과

듣기 원문

1. (1) 男：今天早上吃什么?
      女：面包吧。
      男：又是面包。我已经吃了三天了。
      女：没办法。我没时间做菜。
      问：他们昨天早上可能吃了什么?
   (2) 女：我听小金说你要搬家?
      男：是的。已经搬了。
      女：是什么时候搬的?
      男：上个月底。
      问：男的是什么时候搬的家?
   (3) 男：你昨天去哪儿了? 我给你打电话没人接。
      女：和大学同学们去逛街了。
      男：逛得怎么样?
      女：太过瘾了。今天穿的这件就是昨天逛街买的。
      问：女的昨天去哪儿了?
   (4) 女：你搬的新家离公司太远了吧?
      男：但是离我女儿的学校近了。
      女：你真是个好爸爸。
      男：过奖过奖。
      问：女的觉得男的怎么样?
2. (1) 恭喜你终于买到了你那么想要的电脑。听说你为了买电脑花了不少钱，我猜你现在一定缺钱，今天我请客，请你随便点。

   ★ 今天我要请你吃饭。

   (2) 我虽然不喜欢看球赛，但是昨天的足球比赛真的太精彩了。比赛还有三分钟就要结束的时候，韩国队进了一球，赢了日本队。

   ★ 我平时很喜欢看球赛。

   (3) 他们搬的新家虽然交通没有以前的那么方便，但是租金比以前的便宜很多。所以他们每个月可以省不少钱。

   ★ 他们搬的新家交通不太方便。

   (4) 医生告诉我为了身体一定要减肥。他让我每天晚上吃完饭，就去锻炼身体。我从上个月开始运动,已经瘦了十斤。
★ 医生不让我吃晚饭。

연습문제 정답

[听 tīng 듣기]
1. (1) A (2) C (3) C (4) B
2. (1) O (2) X (3) O (4) X

[阅读 yuèdú 읽기]
1. (1) 走路上学(还)可以锻炼身体。
   (2) 我们(为了)省时间,没吃饭就走了。
   (3) 你(猜)他是谁?
   (4) 他最近工作很忙,我不想(打扰)他。
   (5) (虽然)天气很冷,但是我还是要去游泳。
2. (1) CAB (2) BCA (3) CBA

[写 xiě 쓰기]
1. (1) 他还是想得很周到。
   (2) 她们搬的新家离学校远一点儿。
      / 学校离她们搬的新家远一点儿。
   (3) 我猜你们肯定饿了。
   (4) 她为了减肥不吃晚饭。
2. (1) 恭喜你搬新家了。
   (2) 我不想打扰你。
   (3) 他们每天都走路上学。
   (4) 他们为了身体每天都喝一杯牛奶。
   (5) 你猜他是谁?

제5과

듣기 원문

1. (1) 男:奇怪,你没看见我的笔吗?
      女:你找的是不是这个?
      男:不是。我的是蓝色的。
      女:那我就不知道了。
      问:男的找什么?
   (2) 女:你去把窗户开开吧。
      男:怎么了?
      女:我想换换气。
      男:好的。
      问:女的想让男的做什么?

(3) 男:妈妈,明天去饭馆儿吃饭,怎么样?
   女:明天正好是周末,我们来个大扫除吧。
   男:我的房间上个星期已经打扫过。
   女:别的房间也要打扫啊。
   问:女的是什么意思?
(4) 女:你喜欢吃中国菜吗?
   男:喜欢是喜欢,可是我很少吃。
   女:为什么?
   男:我觉得太油腻了,怕胖。
   问:男的是什么意思?

2. (1) 最近这儿一直下大雨,已经下了两个星期了,路上也非常堵车。你最好不要开车来。
   ★ 现在可能是梅雨季。
   (2) 听说最近小李进了小偷,家里的钱都被偷走了。今天回到家里,看见大门和窗户都开着,我还以为我家也进了小偷。
   ★ 我家的钱都被小偷偷走了。
   (3) 这个周末我本来不想去逛街,想在家里好好儿休息。可是小李让我陪她去,我只好答应陪她一起去。
   ★ 周末我去逛街。
   (4) 我二十岁的生日过几天就要到了。我想趁这个机会,跟爸爸妈妈要一个礼物。
   ★ 昨天是我的生日。

연습문제 정답

[听 tīng 듣기]
1. (1) A (2) C (3) B (4) B
2. (1) O (2) X (3) O (4) X

[阅读 yuèdú 읽기]
1. (1) 饭菜凉了不好吃,你们快(趁)热吃吧。
   (2) 他让我们不要迟到,可是他(却)迟到了。
   (3) 穿(着)蓝衬衫的那个人是谁?
   (4) 图书馆里这个时间(几乎)没有人。
   (5) 我(以为)他们还没走呢。
2. (1) CBA (2) ACB (3) ACB

[写 xiě 쓰기]

1. (1) 我也想趁这个机会去中国旅游。
   (2) 他姐姐的确很少吃东西。
   (3) 我还以为家里进了小偷。
   (4) 钱包被小偷偷走了。
2. (1) 大门怎么开着呢？
   (2) 你探头探脑地干什么？
   (3) 他到现在什么也没吃。
       / 他到现在什么都没吃。
   (4) 他很少吃牛肉。 / 他几乎不吃牛肉。
   (5) 妈妈想趁周末大扫除。

제6과

A. 1. 我有话想说。
   2. 我有作业要做。
   3. 他家没有饭吃。
   4. 他最近没有钱花。
   5. 我这儿有水喝。
B. 1. 杯子被打碎了。
   2. 杯子没被打碎。
   3. 我的钱包被偷走了。
   4. 我的钱包没被偷走。
   5. 他被自行车撞倒了。
   6. 他差点儿被自行车撞倒了。
C. 1. 他建议我多走走。
   2. 医生建议我多吃蔬菜。
   3. 我们建议老师说慢一点儿。
   4. 公司要求我去中国出差。
   5. 他要求我别走。
D. 1. 我女朋友非常怕狗。
   2. 我最怕爸爸。
   3. 他们怕我知道那件事儿。
   4. 我怕明天早上起不来。
   5. 我不怕远。
E. 1. 他们跑进教室里去了。
   2. 小鸟飞进教室里来了。
   3. 小鸟飞上天去了。
   4. 吃完饭，他们都跑回宿舍去了。
F. 1. 他把那个杯子打碎了。
   2. 谁把那本书拿走了？
   3. 你把今天的作业做完了吗？
   4. 他把新拍的照片拿来了。
   5. 他没把新拍的照片拿来。
G. 1. 请你把新拍的照片贴在简历上。
   2. 请你坐在椅子上。
   3. 请你站在前边。
   4. 他把我给他的书放在桌子上了。
   5. 我妹妹把昨天买的衣服放在床上了。
   6. 她弟弟躺在床上了。
   7. 妈妈坐在椅子上了。
   8. 贴在简历上的这张照片是什么时候拍的？
   9. 坐在椅子上的这只小狗是谁的（狗）？
H. 1. 他看起来很老。
   2. 那件衬衫看起来很大。
   3. 他穿的牛仔裤看起来很贵。
   4. 汉语学起来很难。
   5. 那件事儿做起来很难。
I. 1. 她是不是已经回去了？
   2. 她是不是叫王莉莉？
   3. 你们搬的新家是不是离学校有点儿远？
   4. 这件衬衫是不是太贵了？
   5. 汉语学起来是不是太难了？
J. 1. 虽然我喜欢吃中国菜，但是不会做。
   2. 虽然汉语学起来不容易，但是很有意思。
   3. 虽然妈妈做的菜不好吃，但是爸爸只吃妈妈做的菜。
   4. 虽然他不喜欢她，但是她还是喜欢他。
   5. 虽然爷爷每天早上去公园锻炼身体，但是爷爷还是很胖。
K. 1. 桌子上放着一本书。
   2. 你家的大门怎么开着呢？
   3. 我到的时候，窗户开着呢。
   4. 请你站着。
   5. 请你坐着。
L. 1. 我什么也不怕。/ 我什么都不怕。
   2. 奶奶什么也不想吃。/ 奶奶什么都不想吃。

3. 爷爷什么都想吃。
4. 那个人什么地方也不想去。
   / 那个人什么地方都不想去。
5. 那个人什么地方都想去。
M.1. 弟弟很少去学校。
2. 姐姐很少吃晚饭。
3. 我哥哥很少喝咖啡。
4. 上海很少下雪。
5. 最近很少下雨。

제7과

듣기 원문

1. (1) 男：你怎么哭了？
      女：我妈妈病了。
      男：去过医院吗？ 医生说什么？
      女：他说吃两天药就会好的。
      问：女的的妈妈怎么了？
   (2) 女：谁的电话？
      男：是打错的。
      女：对了，刚才你去哪儿了？
      男：下午几个朋友要来家里吃饭，我买菜去了。
      问：男的下午可能做什么？
   (3) 男：背着孩子的这位是你妈妈吗？
      女：是的。这张是她二十年前的照片。
      男：那你妈妈背的孩子就是你吧？
      女：不是，是我弟弟。他比我小两岁。
      问：女的可能多大了？
   (4) 女：这是什么声音？
      男：还有臭味呢。
      女：是不是有人在电梯里放屁了？
      男：我们下电梯，爬楼梯上十楼吧。
      问：男的为什么想下电梯？
2. (1) 上午有人打电话找您，您不在，我让他下午再打。刚才您去洗手间的时候，那个人又来过电话，现在这个电话可能就是他的。
      ★ 今天家里来过好几次电话。

(2) 前天期末考试终于结束了。虽然考试考得不太好，但是我还是很开心。昨天我和几个朋友又看电影又逛街，玩儿得很过瘾。
   ★ 我今天也要考试。
(3) 我刚到公共汽车站，公共汽车就出发了，没坐上。但是很幸运，没等多久，又来了一辆。这一辆有很多空位子，太好了。
   ★ 我有空位子坐。
(4) 因为小男孩一直哭，他妈妈只好一直背着他，已经背了一个多小时了。我看当妈妈不是一件容易事。
   ★ 当妈妈很辛苦。

연습문제 정답

[听 tīng 듣기]
1. (1) A (2) B (3) C (4) B
2. (1) O (2) X (3) O (4) O

[阅读 yuèdú 읽기]
1. (1) 她哭(着)哭(着)睡着了。
   (2) 那个小孩太可爱了，很想咬他一(口)。
   (3) 教室里(连)一个人都没有。
   (4) 他好像闻(到)了臭味。
   (5) 这次旅游(就)他们几个人要去。
2. (1) CBA (2) ACB (3) ACB

[写 xiě 쓰기]
1. (1) 她说着说着就哭了。
   (2) 他连一个字都不认识。
   (3) 我把位子让给了老人。
   (4) 妈妈要给弟弟换尿布。
2. (1) 我走了一个小时(的)路。
   (2) 就一个人。
   (3) 孩子哭着哭着就睡着了。
   (4) 她把位子让给了那位。
   (5) 我没想到他也学习汉语。

제8과

듣기 원문

1. (1) 男：你们经济系里有外国留学生吗?
    女：有啊。挺多的。
    男：也有中国留学生吗?
    女：当然了。中国留学生最多呢。
    问：女的的专业是什么?

    (2) 女：你弟弟今年多大了?
    男：二十二了。
    女：是大学生吗?
    男：大学二年级了。
    问：男的今年可能多大了?

    (3) 男：您去哪儿?
    女：去虹桥机场。五十分钟能到吗?
    男：不堵车就没问题。您是几点的飞机?
    女：下午三点。
    问：女的可能去机场做什么?

    (4) 女：你的汉语说得真好。
    男：过奖过奖。
    女：再有两个月的话，你学汉语有两年了吧?
    男：我是去年三月才开始学的，还不到两年呢。
    问：男的什么时候开始学汉语的?

2. (1) 我上学期一星期有三天去锻炼身体，可是这学期作业太多了，没有时间去锻炼身体。所以现在感觉身体比以前差多了。
    ★ 我现在经常去锻炼身体。

    (2) 昨天我到百货商场买衣服，正想付钱的时候，却找不到钱包了。回家以后一看，钱包就在床上。
    ★ 昨天我丢了钱包。

    (3) 我虽然来中国还不到一年，但已经习惯了中国的生活。我非常爱吃中国菜，我最爱吃的就是包子，每天早上都要吃几个。
    ★ 我可能今天早上也吃了包子。

    (4) 小张经常对我说，只要好好儿跟着他学习，就能学会。可是我觉得这句话有点儿夸张，我已经跟着他学习了一年多了，也没有学好。
    ★ 我是小张的老师。

연습문제 정답

[听 tīng 듣기]
1. (1) C　(2) A　(3) A　(4) B
2. (1) X　(2) X　(3) O　(4) X

[阅读 yuèdú 읽기]
1. (1) (只有)在这儿，我们才能见到小王。
    (2) 他说话很(夸张)。
    (3) (只要)是个男的，就不会不喜欢她。
    (4) 我来中国以后，(交)了很多中国朋友。
    (5) 他放的屁(不至于)你说得那么臭。
2. (1) BCA　(2) ACB　(3) BAC

[写 xiě 쓰기]
1. (1) 我旁边的这个人是我的大学同学。
    (2) 他来韩国一个多月了。
    (3) 我想多交一些外国朋友。
    (4) 他是我们系里新来的中国留学生。
2. (1) 你来中国多长时间了?
    (2) 你只有多听、多说、多练习，才能学好汉语。
    (3) 你只要多听、多说、多练习，就能学好汉语。
    (4) 我还不习惯吃中国菜。
    (5) 我在那儿认识了很多新朋友。

제9과

듣기 원문

1. (1) 男：今天几号了?
    女：二十号了。
    男：妈妈的生日马上就要到了。我们买什么礼物给妈妈好呢?
    女：是你妈妈。我还不知道她喜欢什么呢。
    问：男的和女的可能是什么关系?

    (2) 女：听说中国人送礼物有讲究，是吗?
    男：是啊。比如，中国人不送人伞，也不送人鞋。
    女：为什么?
    男：中国人觉得送那些都不吉利。
    问：中国人可能喜欢什么礼物?

듣기원문 및 연습문제 정답

(3) 男: 明天几点出发?
    女: 早上八点。这次你千万不能迟到啊。
    男: 我明天绝对不会迟到。
    女: 你每次都是这么说的。
    问: 根据对话, 我们可以知道什么?
(4) 女: 路上怎么这么堵车呢?
    男: 别担心, 离约好的时间还差半个小时呢。
    女: 从这儿到见面的地方不远, 我们走着去吧。
    男: 好的, 我们在下一站下车吧。
    问: 他们最可能在哪儿?

2. (1) 刚才吃的菜是不是太咸了? 我现在觉得特别渴, 你不渴吗? 你再给我一杯水吧。我们下次不要再去那家了。
    ★ 他们刚才去买衣服了。
  (2) 我明天去朋友家做客, 朋友让我空手来, 但我觉得空手去做客不太好。可是我又不知道带什么礼物才好。小王告诉我带点儿水果去。
    ★ 我明天可能带水果去朋友家。
  (3) 您好, 我想问一下, 学生一次可以借几本书? 还有, 每次能借多长时间呢?
    ★ 我在学校食堂。
  (4) 你怎么不认识我了? 我家以前就在你家旁边, 后来你家搬到北京了。你现在还住北京吗?
    ★ 他们以前是邻居。

연습문제 정답
[听 tīng 듣기]
1. (1) C   (2) A   (3) B   (4) C
2. (1) X   (2) O   (3) X   (4) O

[阅读 yuèdú 읽기]
1. (1) 马上就要(过)年了。
  (2) 为什么(给)老人祝寿不能送钟。
  (3) 他对吃的非常(讲究)。
  (4) 我和那些朋友特别好, 不(分)你我。
  (5) 你的话很可能(引起)误会。
2. (1) ACB   (2) CAB   (3) BAC

[写 xiě 쓰기]
1. (1) 比如送礼物千万不能送钟。
  (2) 中国人送礼物很有讲究。
  (3) 你的那个动作可能会引起误会。
  (4) 我们要给妈妈过生日。
2. (1) 我还没想好。
  (2) 他明天绝对不会来。
  (3) 原来如此。
  (4) 那又是为什么?
  (5) 他生我气了。

제10과

듣기 원문
1. (1) 男: 你昨天去哪儿了?
    女: 我去一家公司面试了。你找我有事儿吗?
    男: 没什么。我本来想约你一起吃饭。
    女: 对不起, 最近为准备就业考试很忙。
    问: 女的是什么意思?
  (2) 女: 你不是要考托福考试吗?
    男: 是啊。怎么了? 你也想考吗?
    女: 对。你报名了吗?
    男: 明天去报。我们一起去吧。
    问: 女的怎么了?
  (3) 男: 你怎么哭了?
    女: 我前天带小狗去逛街, 在那儿丢了小狗。
    男: 你放心, 它很聪明, 一定会回来的。
    女: 已经两天了。
    问: 女的怎么了?
  (4) 女: 这是旅游日程, 请您看一下。
    男: 怎么没有五号的日程呢?
    女: 五号早上七点, 我们就在回来的飞机里呢。
    男: 那早饭是在飞机里吃吗?
    问: 他们在聊什么?

2. (1) 要是上大学的时候, 学了电脑多好啊! 现在已经上班了, 想学也没有时间学。
    ★ 我很懂电脑。

(2) 昨天妈妈生病了，爸爸晚上连一觉也没睡。今天早上他就陪妈妈去医院了。
　　★ 昨天爸爸病了，没睡好觉。
(3) 你看到前边那个百货商场了吗？从那儿向右拐，就是你要找的那个银行。
　　★ 你找的那个银行离百货商场很近。
(4) 售货员，我想买一些关于中国历史的书，但是我的汉语水平不太好，所以我想要照片多一点儿的。
　　★ 我在书店。

연습문제 정답

[听 tīng 듣기]
1. (1) B　(2) A　(3) A　(4) C
2. (1) X　(2) X　(3) O　(4) O

[阅读 yuèdú 읽기]
1. (1) 他今天怎么(显得)这么紧张？
　(2) 我找工作遭到了(无数)挫折。
　(3) 听说我找到了工作，朋友们都(为)我感到很高兴。
　(4) 我(向)公司报告了事情的经过。
　(5) 昨天的比赛结果我们谁(都)不知道。
2. (1) BCA　(2) ACB　(3) ABC

[写 xiě 쓰기]
1. (1) 那个演员的名字谁都不知道。
　(2) 我觉得这本书越看越有意思。
　(3) 他把那个喜讯告诉了他妈妈。
　(4) 听说张小姐的弟弟很会拍马屁。
2. (1) 他姐姐谁都不喜欢。
　(2) 谁都不喜欢他姐姐。
　(3) 别拍我马屁了。
　(4) 汉语越学越有意思。
　(5) 可乐越喝越渴。

제11과

듣기 원문

1. (1) 男：妈妈最近看起来很高兴。
　　女：对呀。最近爸爸不喝酒了。
　　男：我想趁这个机会，让妈妈给我买个新手机。
　　女：我看这个想法不错。
　　问：女的是什么意思？
(2) 女：你快叫爸爸来吃吧。
　　男：妈妈，你怎么又做了这道菜？
　　女：你别担心，今天做得比昨天好吃多了。
　　男：即使你说好吃，我们也不会吃的。
　　问：男的是什么意思？
(3) 男：听说你有了心上人，是吗？
　　女：对呀。是我的大学同学。
　　男：他人怎么样？
　　女：虽然长得不帅，但是很幽默。
　　问：根据这段话，我们可以知道？
(4) 女：你看过《不能说的秘密》这部电影吗？
　　男：看过。很好看。
　　女：什么时候看的？
　　男：上汉语课的时候，老师给我们看的。
　　问：男的可能是和谁一起看的电影？
2. (1) 即使你做的菜不好吃，他们也不会不吃的。因为他们现在已经饿了两天了。
　　★ 他们非常喜欢你做的菜。
(2) 我这几天都没去锻炼身体。因为最近公司里的工作太忙了，连周末都没时间休息。
　　★ 最近公司里的事情很多。
(3) 为了不引起更多的误会，我决定向你仔细说明我不喝你这杯咖啡的理由。
　　★ 我已经喝咖啡了。
(4) 她昨天买的衣服既便宜，又漂亮，加上颜色也很好看。我也很想买一件。
　　★ 我不喜欢她买的衣服。

연습문제 정답

[听 tīng 듣기]
1. (1) C (2) A (3) B (4) C
2. (1) X (2) O (3) X (4) X

[阅读 yuèdú 읽기]
1. (1) 他昨天生我气了，今天一直不(理)我。
   (2) 这都是我的错，你不要(怪)孩子。
   (3) 即使他知道了，(也)不会喜欢我的。
   (4) 他(一)看炸鸡，(就)想起啤酒。
   (5) 我姐姐最近很(爱)打扮。
2. (1) CAB (2) ABC (3) CAB

[写 xiě 쓰기]
1. (1) 她连理都不理我。
   (2) 她非常爱打扮。
   (3) 那只小狗既聪明又可爱。
      / 那只小狗既可爱又聪明。
   (4) 他也不知道这个叫什么名字。
2. (1) 即使他说去，我也不去。
   (2) 他怎么连理都不理我？
      / 他为什么连理都不理我？
   (3) 那不能怪他。
   (4) 他一个人单相思。
   (5) 他们整天都形影不离。

제12과

A. 1. 我昨天打了一个小时(的)电话。
   2. 我每天看两个小时(的)电视。
   3. 我哥哥学了一个月(的)汉语。
   4. 她做了两天(的)作业。
B. 1. 孩子哭着哭着就睡着了。
   2. 孩子走着走着就摔倒了。
   3. 她说着说着就哭起来了。
   4. 说着说着天就亮了。
C. 1. 教室里连一个学生都(也)没有。
   2. 这个月我连一天都(也)没休息。
   3. 今天公共汽车里连一个空位子都(也)没有。
   4. 他连一个朋友都(也)没有。

D. 1. 请你把这把椅子搬到教室里吧。
   2. 他把那些东西放在桌子上了。
   3. 我想把这本书寄给我弟弟。
   4. 我想把这个位子让给那位阿姨。
E. 1. 十多个人
   2. 二十多个人
   3. 一年多
   4. 十年多
   5. 十多年
   6. 一个多小时
   7. 十个多小时
   8. 十多个小时
F. 1. 只有多喝水，才能健康。
   2. 只有每天锻炼身体，才能健康。
   3. 只有少吃，才能减肥。
   4. 只有爸爸让他别吃了，那个孩子才不吃。
G. 1. 只要多喝水，就能健康。
   2. 只要多锻炼身体，就能健康。
   3. 只要少吃，就能减肥。
   4. 只要爸爸让他别吃了，那个孩子就不吃了。
H. 1. 开车时千万要小心。
   2. 开车时千万不能打手机。
   3. 以后千万要吃早饭。
   4. 以后千万别吃晚饭了。
      / 以后千万不要吃晚饭了。
I. 1. 你什么时候都可以来我家。
   2. 谁也没想到她不会来。
   3. 我姐姐谁也不喜欢。
   4. 谁也不喜欢我姐姐。
   5. 他谁也不相信。
   6. 谁也不相信他。
J. 1. 雨越下越大。
   2. 汉语越学越有意思。
   3. 英语越学越难。
   4. 人越多越好。
   5. 考题越容易越好。
K. 1. 这个房间既安静又干净。
   2. 她既聪明又善良。
   3. 他既不会说汉语，又不会说英语。

4. 我们俩既是朋友，又是对手。

L. 1. 这个房间又安静又干净。

2. 她又聪明又善良。

3. 他又不会说英语又不会说汉语。

4. 她的头发又长又黑。

M. 1. 即使我不说什么，她也会知道的。

2. 即使你们都说不去，我也要去。

3. 即使你做的菜不好吃，我也要吃的。

4. 即使妈妈说好吃，爸爸也不会吃的。

N. 1. 我一放假就要回国。

2. 我一说，他就听懂了。

3. 那个孩子一吃完饭就出去玩了。

4. 那个孩子打算一做完作业就看电视。

본문해석

제1과　컵이 깨졌습니다.

(1) 좋은 아르바이트 자리가 생겼다는 기쁜 소식을 얼른 리리에게 알려 주려고 허겁지겁 달려온 탓에 경민은 숨도 차고 목도 마르다.
김경민: 너네 집에 마실 물 있니?
왕리리: 있어. 어떻게 된 거야?
김경민: 목이 너무 말라서. (나에게) 물 한 잔 줘.
왕리리: 조금만 기다려. 가져다 줄게.
(부엌 쪽에서 "쨍그랑"하는 컵 깨어지는 소리가 들려온다.)
김경민: 이게 무슨 소리야?
왕리리: 어머나! 컵이 깨져 버렸어. 해마다 평안하기를!
김경민: 너 뭐라고 말하는 거야?
왕리리: 해-마다-평안하기를!
김경민: 왜 '해마다 평안하기를'이라고 말하는 거야?
왕리리: 깨어질 쇄(碎)자와 해 세(岁[歲])자가 (중국어에서는) 서로 발음이 같거든. 그래서 컵이 나를 대신해서 재앙을 가져가 버리라고.
김경민: 네 말대로라면, 컵이 깨어지는 건 좋은 일인 거네?
왕리리: 그래서 너한테 컵을 많이 사라고 건의하는 거야. 그렇게 하면 평안을 보장할 수 있으니까.
김경민: 너 정말 재미있다. (너 정말 웃긴다.)

(2) 일기
날짜: 3월 15일 토요일, 날씨: 흐림
오늘 리리는 컵을 한 개 깼다. 한국 사람은 컵이 깨지는 걸 불길하다고 생각하기 때문에 나는 마음 속으로 조금 걱정이 되었다. 그러나 리리가 나에게 컵이 그녀를 대신해서 재앙을 가져가 버렸다고 말해 주었다. 그녀는 나에게 컵을 좀 많이 사라고 건의했다. 그러면 평안을 보장할 수 있으니까.

제2과　선생님께서 교실로 들어가려고 하십니다.

(1) 강의동으로 들어서던 경민은 왼발을 살짝 절룩거리는 리리를 보고 놀란 표정으로 다가간다.
김경민: 네 다리 어떻게 된 거야?
왕리리: 어제 잘못해서 길에서 자전거에 부딪혀 넘어졌어.
김경민: 괜찮아? 아프지 않니?
왕리리: 피를 좀 흘리긴 했지만, 괜찮아.
김경민: 교실은 5층인데, 계단으로 올라갈 수 있겠니?
왕리리: 물론, 문제 없어.
김경민: 엘리베이터를 타고 올라가는 게 좋지 않을까?
왕리리: 엘리베이터를 타려면 줄을 서야 하거든. 늦을까 봐 걱정이 돼서.
(4층 계단참에 도착한 두 사람은 열린 창을 통해 5층 교실 쪽을 바라본다.)
김경민: 4층이다. 좀더 힘을 내.
왕리리: 힘내도록 도와주어서 고마워.
김경민: 앗, 저기 봐! 선생님이 교실로 들어가려고 하시는데.
왕리리: 우리도 좀 빨리 움직여야겠다.

(2) 일기
날짜: 3월 24일 월요일, 날씨: 맑음
리리는 어제 잘못해서 길에서 자전거에 부딪혀 넘어져 왼쪽 다리를 조금 다쳤다. 오늘 수업하는 교실은 5층에 있고, 그녀는 다리가 불편하기 때문에 우리는 원래 엘리베이터를 타고 올라가고 싶었다. 그런데 엘리베이터를 타려는 사람이 너무 많아서 엘리베이터 앞에 긴 줄이 생겼다. 우리는 할 수 없이 계단으로 5층까지 올라갔다.

제3과　다 쓴 이력서를 저에게 좀 보여 주세요.

(1) 졸업을 앞둔 경민은 취업을 하기 위하여 지금까지 이런 저런 회사에 이력서만도 열 차례 이상 보냈다. 자신이 목표로 삼은 분야의 회사에 취직하기까지 이력서를 몇 번이나 보내야 할지 답답하기는 하지만, 경민은 오늘도 마음을 다잡고 열심히 이력서를 작성한다.
왕리리: 경민아, 너 지금 누구에게 편지를 쓰고 있니?
김경민: 나는 편지를 쓰고 있는 것이 아니라 구직용 이력서를 쓰고 있는 거야.
왕리리: 다 쓴 이력서를 나에게 좀 보여 줘.
김경민: 그래. 이 참에 나에게 조언도 좀 해 줘.

왕리리: 이력서에 붙인 이 사진은 언제 찍은 거야?
김경민: 겨울 방학 전후해서 (찍은 거야).
왕리리: 왜 너처럼 보이지 않지? 너무 나이 들어 보이는데. 넥타이는 너희 아빠 거 아냐?
김경민: 아니야. 그렇게 나이 들어 보여?
왕리리: (지금까지 보낸) 너의 이력서에 아무런 연락도 없는 건 아마 이 사진 때문일 거야.
김경민: 그럴 리가 없어. 네가 말하는 것처럼 그렇게 심하지는 않잖아?
왕리리: 어쨌든 간에 증명사진은 다시 찍어야 할 것 같다.
김경민: 네 말대로 할게.

(2) 일기
날짜: 5월 1일 목요일, 날씨: 맑은 후 구름 많음
구직용 이력서를 나는 지금까지 얼마나 많이 썼는지 모르겠다. 그러나 그 이력서들은 모두 바다 속으로 돌멩이가 가라앉듯 감감무소식이다. 오늘 리리가 내 이력서를 본 후, 나에게 증명사진을 다시 찍으라고 했다. 그녀 말로는 사진 속의 내가 나이들고 촌스러워 보인다고 한다.

제4과 비록 학교에서 좀 멀기는 하지만, 집세는 학교 근처에 비해서 좀 더 쌉니다.

(1) 리리와 장밍은 의기투합하여 그 동안 지내던 기숙사를 떠나 작은 주택을 빌려 함께 지내기로 했다. 두 사람이 새로 이사한 집에 경민이 큰 선물을 들고 첫 번째로 놀러 왔다.
김경민: 새집으로 이사한 것을 축하해!
장밍: 고마워.
왕리리: 이건 뭐야?
김경민: 너희들 분명히 이게 없을 거라고 생각해서.
장밍: 토스터네. 너 정말 (생각이) 세심하구나.
김경민: 참, 너희들 이사하면서 왜 나에게 한 마디도 하지 않은 거야?
장밍: 리리가 너 요즘 취업시험 준비로 너무 바쁘니까 너를 방해하고 싶지 않다고 해서.

왕리리: 어차피 우리가 옮겨야 할 물건도 그렇게 많지 않았고.
김경민: 너희들 새 집이 학교에서 좀 멀지 않니?
왕리리: 비록 학교에서 좀 멀기는 하지만, 집세는 학교 근처에 비해서 좀 더 싸니까 돈을 많이 절약할 수 있어.
장밍: 걸어서 등교하면 몸도 단련할 수 있으니 이걸 일거양득이라고 해야겠지.
왕리리: 좀 봐, 네 눈에는 우리 두 사람 몸매가 날씬해진 것 같지 않아?

(2) 일기
날짜: 5월 18일 일요일, 날씨: 맑은 후 구름 많이 낌
지난주 일요일 리리와 장밍은 이사를 했다. 두 사람이 이사한 새 집은 학교에서 좀 멀어서 버스로 너덧 정거장 정도 떨어져 있다. 두 사람은 돈을 절약하기 위해서 매일 걸어서 등교한다. 걸어서 등교하면 돈을 절약할 수 있을 뿐만 아니라, 돈을 쓰지 않고도 몸도 단련할 수 있다고 두 사람은 말했다.

제5과 대문이랑 창문이 왜 다 열려 있는 겁니까?

(1) 장마로 눅눅해진 집안을 환기도 시키고 청소도 할 겸, 리리는 온 집안의 문이란 문은 모두 활짝 열어 두었다. 이유를 알 리 없는 경민이 리리를 만나러 왔다가 무방비 상태인 대문과 창문을 보고 도둑이 든 줄 알고 깜짝 놀란다.
(경민이 혼잣말을 한다)
김경민: 이상하다, 대문이랑 창문이 왜 다 열려 있는 거지?
(문 앞에 서서 집안을 기웃거리는 경민을 리리가 발견한다.)
왕리리: 경민아, 너 우리 집 문 앞에서 기웃거리면서 뭐 하는 거니?
김경민: 어휴, 놀라서 간 떨어질 뻔했네.
왕리리: 너 빨리 솔직하게 말해, 무슨 나쁜 짓을 한 거니?
김경민: 어떤 나쁜 짓도 하지 않았어.
왕리리: 그럼, 너 왜 우리 집을 몰래 훔쳐 본 거야?

김경민: 평소에는 (너희들) 창문을 거의 열지 않더니, 오늘은 어떻게 된 거니?
왕리리: 네 말이 맞아. 우리들이 분명히 (창문을) 거의 열지 않기는 하지.
김경민: 난 또 너희 집에 좀도둑이라도 든 줄 알았어.
왕리리: 장마가 막 끝나서 집안이 너무 눅눅해. 그래서 환기도 좀 시키고, 겸사겸사 대청소도 하려고.
김경민: 어쩐지 너희 집 대문 앞에 큰 쓰레기 더미가 있더라.
왕리리: 너 정말 잘 왔다. 이 빗자루 들어.

(2) 일기
날짜: 7월 5일 토요일, 날씨: 맑음
6월 중순부터 시작해서 6월말까지 계속 비가 내리다가 7월초가 되어서 날씨가 화창해지기 시작했다. 리리와 장밍은 이 틈을 이용해서 대청소를 하려는 생각에 환기를 시키려고 대문과 창문을 전부 열어두었다. 나는 두 사람이 청소를 하고 있는 줄 몰랐기에 그녀들 집에 좀도둑이라도 든 줄 알았다.

제6과 전반부 총복습

사랑하는 엄마 아빠:
안녕하세요! 두 분 건강은 괜찮으시죠? 저는 벌써 여름방학에 들어갔습니다. 졸업하기 전에 한국에서의 아르바이트 생활을 한 번 경험해 보려고 (이번에) 귀국해서 부모님과 함께 지내는 것은 포기했습니다.
5월달에는 이사를 했습니다. 이번에 이사한 새 집은 비록 학교에서 좀 멀기는 하지만, 집세가 학교 근처에 비해서 저렴합니다. 게다가 걸어서 학교에 가면 몸도 단련할 수 있기 때문에 저와 룸메이트 장밍 둘 다 아주 만족하고 있습니다. 두 분은 안심하셔도 됩니다
두 분 모두 건강하시기를 기원합니다.

딸 리리
7월 10일

제7과 아이가 울다 울다 잠이 들었습니다.

(1) 경민과 리리 두 사람은 한강공원에서 열린 걷기 대회에 참가한 다음, 귀갓길에 만원 지하철에 올라탔다가 아기를 업고 서 있는 아주머니를 발견한다.
김경민: 저 아이 울고불고 난리도 아닌데, 무슨 일이지?
왕리리: 지하철에 사람이 많은데다 날씨도 더우니까 아마 견디기 힘들어서 그런 게 아닐까?
김경민: 리리, 자리가 났어, 빨리 앉아.
왕리리: 아기를 업고 있는 저 아주머니에게 양보하는 게 좋겠어.
(아기를 업은 아주머니가 빈 자리에 앉는 것을 확인하고, 두 사람은 계속 선 채로 이야기를 나눈다.)
김경민: 조금 전에 한 시간 이상이나 걸었는데, 지치지 않니?
왕리리: 겨우 한 시간인데 뭘, 괜찮아.
(아이의 울음 소리가 잦아들다 더 이상 들리지 않는다.)
김경민: 아이가 울다 울다 잠이 들었어.
왕리리: 손발이 조그마한 게, 정말 귀엽다.
김경민: 정말 한 번 깨물어주고 싶다.
왕리리: 경민아, 너 무슨 냄새 못 맡았어?
김경민: 저 남자애가 방ㅅ귀를 뀐 것 같은데.
왕리리: 아니야, 똥 쌌나봐. 봐, 쟤 엄마가 기저귀를 갈아주고 있어.

(2) 일기
날짜: 7월 13일 일요일, 날씨: 맑음
걷기 대회가 끝난 다음, 나와 리리는 지하철을 타고 귀가했다. 그런데 지하철에 사람이 많아서 빈자리가 하나도 없을 줄은 생각도 못 했다. 그러나 다행히도 몇 정거장 지나지 않아 빈자리가 났다. 나는 서둘러 리리에게 앉으라고 했지만, 리리는 오히려 아이를 업고 있는 아주머니에게 자리를 양보했다.

제8과 그저 많이 연습해야 마스터할 수 있습니다.

(1) 강의동 앞 벤치에서 경민을 기다리던 리리는 낯선 여학생이 장밍과 사이좋게 이야기하며 걸어오는 장면을

목격한다. 두 사람도 리리의 눈길을 알아채고 그녀 쪽으로 다가온다.
왕리리: 샤오밍, 너 옆에 있는 이 분은 누구시니?
장밍: 아, 우리 과에 새로 온 중국인 유학생이야, (이름은) 진구이민이라고 해.
진구이민: 선배님, 안녕하세요! 저는 올해 3월에 입학한 1학년 신입생입니다.
왕리리: 한국에 온 지는 얼마나 됐니?
진구이민: 일년 조금 더 됐어요. 먼저 어학당에서 반년 공부한 다음에 올해 3월에 입학했거든요.
왕리리: 한국 생활에는 익숙해졌니?
진구이민: 아직은 좀 익숙하지 않아요. 아 참, 한국어를 공부하는데 (무슨) 비결이라도 있나요?
왕리리: 별다른 방법은 없어. 그저 많이 듣고, 많이 말하고, 많이 연습해야 마스터할 수 있을 거야.
장밍: 한국인 친구들을 많이 사귀는 것도 좋은 방법이라고 생각해.
왕리리: 장밍이 한국인 친구가 정말 많아. 장밍을 열심히 쫓아다니기만 하면, 새 친구를 많이 알 수 있을 거야.
장밍: 너 너무 부풀렸어. 그 정도까지는 아니야.

(2) 일기
날짜: 7월 14일 월요일, 날씨: 맑음
리리가 오늘 중국인 유학생 한 명을 새로 알게 되었는데, 장밍과 같은 과의 일학년 학생으로 무척 귀엽다고 한다. 그 유학생은 리리와 장밍에게 어떻게 해야 한국어를 마스터할 수 있는지 물었고, 두 사람은 많이 듣고, 많이 말하고, 많이 연습해야 마스터할 수 있을 거라고 대답해 주었다. 두 사람은 그녀에게 한국인 친구들을 많이 사귀라고도 충고했다.

제9과 노인에게 생신 선물로 괘종시계를 선물하지 않습니다.

(1) 할아버지의 생신을 며칠 앞두고 경민은 무슨 선물을 드려야 할지 은근히 고민이다. 때마침 옆 자리에서 책을 읽고 있던 리리와 눈이 마주치자 힌트라도 얻고 싶은 마음에 중국의 생일 문화는 어떠한지 묻는다.

김경민: 내일은 할아버지의 생신이라서 가족들이 할아버지께 생신 축하를 해 드리려고 해.
왕리리: 넌 할아버지께 무슨 선물을 할 거니?
김경민: 아직 결정하지 못 했어. 중국 사람은 생일 선물을 할 때 주의하는 게 있니?
왕리리: 있지. 예를 들면 노인에게는 절대로 괘종시계를 선물하지 않아.
김경민: 왜 노인에게 생일을 축하해 주는데 괘종시계를 선물하지 못 하는 거야?
왕리리: 왜냐하면 '괘종시계를 선물한다(送钟)'는 중국어 표현과 '임종을 지킨다(送终)'라는 중국어 표현의 발음이 똑같기 때문이야. 노인분이 그런 선물을 받게 되면 정말 화내실 걸.
김경민: 아하, 그랬구나. 다른 것도 있어?
왕리리: 다른 걸 하나 더 소개할게. 중국 사람은 손님으로 갈 때 주인에게 사과를 선물하는 걸 좋아해.
김경민: 그건 또 왜 그러는 거니?
왕리리: '사과(苹果)'라는 단어의 '평(苹)'과 '평안하다(平安)'의 '평(平)'이 서로 같은 발음이거든. 그래서 다른 사람에게 사과를 선물하는 건 (결국) 평안함을 준다는 뜻을 나타내는 게 되지.
김경민: 선물을 보내는 것도 일종의 학문인 줄은 생각도 못 했어.

(2) 일기
날짜: 7월 29일 화요일, 날씨: 맑음
오늘 리리가 나에게 중국인이 선물을 보낼 때 어떤 점에 주의해야 하는 지에 대해서 가르쳐 주었다. 만약 중국인이 선물을 보낼 때의 습관을 모른다면 오해를 초래할 수도 있다. 리리의 말을 들으니까 중국에서는 남녀 친구(연인) 사이에는 절대로 배를 잘라서 먹지 않는다고 한다. 나는 앞으로 리리와 같이 있을 때는 배를 먹지 않아야겠다.

제10과 저한테 너무 아부하지 마세요.

(1) 취업 문제로 줄곧 우울해 하던 경민이 오늘은 갑자기 싱글벙글 웃는 얼굴로 리리에게 무엇인가 말하고 싶어 안달이 나 있다.
김경민: 오늘 너에게 알려 줄 좋은 뉴스가 하나 있어.

왕리리: 도대체 무슨 일로 너 이렇게 흥분하는 거니?(무슨 일이 너를 이렇게 흥분하게 만드는 거니?)
김경민: 중국은행의 면접 시험 결과가 나왔어. 나 채용됐어.
왕리리: 정말로? 언제부터 출근 시작하는 거야?
김경민: 구체적인 일정은 다음 주가 되면 알 수 있을 거야.
왕리리: 면접 시험 요령을 나에게 좀 자세하게 말해 줘, 내가 참고 좀 하게.
김경민: 면접 시험을 치를 때, 태도는 침착해야 해, 너무 긴장한 티가 나면 안돼.
왕리리: 그건 누구나 다 아는 거잖아. 도움되는 걸 좀 말해 봐.
김경민: 지금은 아무래도 영어를 중시하잖아. 토플이나 토익 점수가 높으면 높을수록 좋겠지.
왕리리: 토플은 990점 만점인데, 나는 벌써 960점을 땄거든.
김경민: 그래서 내가 너 똑똑하다고 그러잖아.
왕리리: 나한테 너무 아부하지 마.

(2) 일기
날짜: 8월 1일 금요일, 날씨: 맑음
비록 직장을 찾는 과정이 그다지 순조롭지는 못 해서 무수한 좌절에 부닥쳤지만, 그래도 마침내 나는 만족스러운 직장을 찾고야 말았다. 나는 이 기쁜 소식을 즉시 리리에게 알렸다. 희소식을 듣고 리리 또한 나를 위해서 정말 즐거워해 주었다.

제11과 그 사람은 당신을 거들떠도 보지 않습니다.

(1) 장밍은 요즘 외출할 때, 화장과 옷차림에 유난히 공을 들인다. 리리는 그녀에게 남자 친구가 생긴 것 같은 느낌이 들어서 상대가 누구인지 살짝 떠보고 싶은 생각에 말을 건다.
왕리리: 장밍, 너 요즘 왜 그렇게 자주 화장하니?
장밍: 나 마음에 둔 사람이 생겼어.
왕리리: 정말로? 누구야? 내가 아는 사람이니?
장밍: 비밀이야.
왕리리: 그 사람, 사람은 어때?
장밍: 착한데다 스마트하기도 해. 게다가 유머도 있고.

왕리리: 그 사람도 네가 자기를 좋아하는 거 아니?
장밍: 설령 그 사람이 안다고 해도 나를 거들떠 보지도 않을 거야.
왕리리: 그 사람은 너를 (심지어) 거들떠도 보지 않는데, 넌 왜 여전히 그를 좋아하는 거야?
장밍: 그건 그 사람 탓이 아니야. 그와 그의 여자 친구는 종일 붙어 다니거든.
왕리리: 너 혼자서 짝사랑하다니, 마음이 너무 힘들지 않니?
장밍: 나는 그 사람을 떠올리기만 하면 기분이 정말 좋아. 매일 그를 볼 때마다 즐겁기도 하고.

(2) 일기
날짜: 8월 16일 토요일, 날씨: 맑음.
장밍에게 좋아하는 사람이 생겨서 벌써 짝사랑한지도 제법 오래되었다고 리리로부터 들었다. 그러나 상대방은 장밍이 자신을 좋아하는 줄 모르는데다 이미 여자 친구도 있고, 그 남자와 그의 여자 친구 사이의 감정도 정말 좋다고 한다.

제12과 후반부 총복습

사랑하는 아빠 엄마:
안녕하세요! 저는 조금 있으면 개학을 맞이합니다.
올 여름 한국은 너무 더워요. 이제 곧 9월이 다가오는데, 기온이 아직도 37.8도랍니다. 게다가 습도도 높아서 정말 견디기 힘들어요. 베이징의 날씨도 당연히 덥겠지요? 뉴스에서 보도하는 것을 들으니 베이징은 서울보다 훨씬 더 덥다고 하더군요. 두 분 다 건강에 유의하시기 바랍니다. 두 분의 건강을 기원합니다.

딸 리리
8월 26일

병음색인

A

āyí 阿姨	아주머니	106
àiren 爱人	배우자	150
ànliàn 暗恋	남모르게 사모하다, 몰래 사랑하다	172

B

bǎ 把	주로 나이, 힘, 땀 따위를 세는 양사	32
bǎ 把	……을/를. 목적어를 동사의 앞으로 전치시키는 개사	48
bān 搬	옮기다	63
bān//jiā 搬家	이사하다	63
bàn 半	절반	121
bāozi 包子	(왕)만두	86
bǎo 保	보증하다, 보장하다	17
bǎozhòng 保重	몸 조심하다, 건강에 주의하다	180
bàodào 报道	보도; 보도하다	180
bào//míng 报名	등록하다	160
bàozhǐ 报纸	신문	158
bēi 背	업다	106
bēi 杯	컵에 담긴 음료를 세는 양사. 잔, 컵	16
bēizi 杯子	컵	16
bèi 被	……에게 ……을 당하다	16
běn 本	책을 세는 양사. 권	134
bǐrú 比如	예를 들면	138
biànhuà 变化	변화(하다)	120
biǎoshì 表示	가리키다, 의미하다	139
biérén 别人	다른 사람	76
bōlibēi 玻璃杯	유리잔	13
bù 部	영화 등을 세는 양사. 편	175
bùguǎn 不管	……에 관계없이, ……와/과 상관없이	49
bùshǎo 不少	적지 않다	64
bùzhī bùjué 不知不觉	자신도 모르는 사이에, 부지불식간에	103

C

cāi 猜	추측하다	63
cānkǎo 参考	참고; 참고하다	155
cānmóu 参谋	조언하다	48
Chángchéng 长城	창청, 만리장성	120
chǎng 场	(스포츠에서의) 회, 번	54
cháoshī 潮湿	습하다, 축축하다	81
chèn 趁	(때, 기회를) 봐서, ……한 틈을 타서	82
chénggōng 成功	성공(하다)	119
chéngjì 成绩	성적	119
chóngxīn 重新	다시 한 번	49
chòu 臭	(냄새 따위가) 구리다, (나쁜) 냄새가 나다	107
chòuwèi 臭味	악취	107
chū 初	초(어떤 기간의 처음이나 초기)	82
chū//chāi 出差	출장 가다	14
chū//mén 出门	외출하다	112
chū//xiě 出血	피가 나다	31
chuānghu 窗户	창문	80
chuáng 床	침대	
Chūnjié 春节	설날	46
cōngming 聪明	똑똑하다	156
cóngróng-búpò 从容不迫	침착하다, 태연자약(하다)	156
cuòzhé 挫折	좌절, 실패; 좌절하다, 실패하다	157

D

dāying 答应	승락하다	85
dǎban 打扮	치장하다	170
dǎ//gōng 打工	아르바이트를 하다	90
dǎkāi 打开	열다	82
dǎ pīngpāngqiú 打乒乓球	탁구를 치다	134
dǎ//qì 打气	격려하다, 응원하다	32
dǎrǎo 打扰	방해하다	64
dǎsǎo 打扫	청소하다	82
dǎsuì 打碎	깨져 부서지다	16
dàbiàn 大便	대변; 대변을 보다	107

204

dàhuì 大会 대회		158
dàjiā 大家 여러분		77
dàmén 大门 대문		80
dàsǎochú 大扫除 대청소; 대청소하다		81
dàshēng 大声 큰 소리		127
dàyī 大衣 코트		110
dānxiāngsī 单相思 짝사랑; 짝사랑하다		171
dān//xīn 担心 걱정하다		18
dāng……shí 当……时 사건이나 행위가 발생한 시점을 표시한다		156
dǎo 倒 쓰러지다, 넘어지다		31
dào 道 문제 따위를 세는 양사		173
dàodǐ 到底 도대체		155
de 地 구조조사, 동사/형용사의 수식어를 표시한다		80
dēng 灯 등		76
díquè 的确 확실히		81
dìdiǎn 地点 지점		160
dìfang 地方 곳, 장소		169
dìtiě 地铁 지하철		106
dìzhǐ 地址 주소		168
diàndēng 电灯 전등		45
diànnǎo 电脑 컴퓨터		68
diànshì 电视 텔레비전		46
diàntī 电梯 승강기, 엘리베이터		32
diànyǐngyuàn 电影院 영화관		37
dǒng 懂 이해하다		21
dòng 洞 동굴		35
dòngzuò 动作 동작		32
dòu 逗 우습다, 재미있다		17
dú//shū 读书 독서하다		120
dùzi 肚子 (인체의) 배		19
duàn 段 사물의 한 부분을 나타내는 양사. 단락, 토막		175
duànliàn 锻炼 단련하다		64
duī 堆 산처럼 쌓여 있는 물건 혹은 무리를 이루고 있는 사람을 세는 양사. 무더기, 무리		81
duìfāng 对方 상대방		172
duìhuà 对话 대화		36
duìshǒu 对手 호적수, 라이벌		167

E

érzi 儿子 아들		53

F

fāzhǎn 发展 발전(하다)		154
fánnǎo 烦恼 걱정하다		154
fǎnzhèng 反正 어차피		64
fàn cuòwù 犯错误 잘못을 저지르다		169
fāngbiàn 方便 편리하다		36
fāngfǎ 方法 방법		122
fāngxiàng 方向 방향		27
fángjiān 房间 방		186
fángzi 房子 집		67
fàng 放 (학교 혹은 직장이) 파하다, (물건 따위를) 두다, 놓다		90
fàng//pì 放屁 방귀를 뀌다		107
fàngqì 放弃 포기하다		90
fàng//xīn 放心 마음을 놓다, 안심하다		91
fēn 分 나누다		140
fēng 风 바람		112
fēngguāng 风光 경치		120
fú 幅 그림 따위를 세는 양사. 폭, 점		76
Fǔshān 釜山 부산		46
fùzá 复杂 복잡하다		173
fùzé 负责 책임지다		87

G

gānjìng 干净 깨끗하다		167
gǎndào 感到 느끼다		157
gǎnjué 感觉 느끼다		126
gǎnqíng 感情 감정		172
gǎnjǐn 赶紧 서둘러		108

gàn 干 하다	80	
gāng 刚 막, 방금, 바로	81	
gāngcái 刚才 방금	106	
gāngbǐ 钢笔 만년필	45	
gāozhōng 高中 고등학교	151	
gē 歌 노래	54	
gēnjù 根据 근거하다	36	
gēnzhe 跟着 따라가다	122	
gōngsī 公司 회사	14	
gōngyuán 公园 공원	96	
gōngxǐ 恭喜 축하하다	63	
gòngxiàn 贡献 공헌(하다)	154	
gūdān 孤单 외롭다	151	
gūdú 孤独 고독하다, 외롭다	154	
gùxiāng 故乡 고향	79	
guà 挂 걸다	52	
guài 怪 원망하다, 탓하다	171	
guàibude 怪不得 어쩐지	81	
guān 关 닫다	112	
guānshang 关上 꺼버리다	45	
guānyú 关于 ……에 관하여	36	
guówài 国外 국외	54	
guò 过 (세월, 시간을) 보내다, (시간이) 지나다, (명절, 축제를) 쇠다	138	
guòchéng 过程 과정	157	
guò//nián 过年 새해를 맞이하다, 설을 쇠다	120	

H

háizi 孩子 어린이, 아이	106
hánjià 寒假 겨울 방학	48
hǎn 喊 외치다, 소리치다	60
hàn 汗 땀	28
Hànzì 汉字 한자	183
háowú 毫无 조금도 ……이 없다	49
hǎoshì 好事 좋은 일	17
hé 河 강	35

hèniánkǎ 贺年卡 연하장	136
hěn shǎo 很少 거의 ……않다	81
hòuguǒ 后果 (나쁜 의미에서) 최후의 결과	142
huā 花 (돈을) 쓰다, 소비하다	65
huà 画 그림	76
huài 坏 나쁘다	80
huàn//qì 换气 환기; 환기하다	81
huí//guó 回国 귀국하다	90

J

jīdòng 激动 흥분하다	155
jīhū 几乎 거의	81
jílì 吉利 길하다, 상서롭다	18
jíshǐ 即使 설령……할 지라도	171
jìqiǎo 技巧 기교, 테크닉	155
jì……yòu…… 既……又…… ……할 뿐만 아니라 ……하기까지 하다	170
jiā//jìn(r) 加劲(儿) 힘을 내다	32
jiāshàng 加上 게다가	170
jiǎn//féi 减肥 다이어트하다, 살을 빼다	65
jiǎnlì 简历 약력, 이력(서)	48
jiànkāng 健康 건강(하다)	78
jiànyì 建议 건의하다	17
jiǎngjiu 讲究 집착하다, 신경을 쓰다 ; 도리, 심오한 이치	138
jiāo 交 교제하다, 사귀다	122
jiāo péngyou 交朋友 친구를 사귀다	122
jiǎo 脚 발	107
jiào 叫 ……하게 하다	155
jiàoshì 教室 교실	31
jiéguǒ 结果 결과	155
jié//hūn 结婚 결혼하다	120
jiè//yān 戒烟 금연하다	14
Jīn Guīmín 金规旻 진구이민, 상하이 출신의 중국인 여자 유학생	121
jǐnzhāng 紧张 긴장하다	156
jīngcháng 经常 자주	126

jīngguò 经过 과정, 경과	161	
jīngyíng 经营 경영하다	126	
jìngjìng de 静静地 조용하게	77	
jiù//yè 就业 취업하다	64	
júzi 桔子 귤	134	
jù 句 말, 글의 수를 세는 양사. 마디	126	
jùhuì 聚会 모임	103	
jùlí 距离 거리	65	
jùtǐ 具体 구체적이다	155	
juédìng 决定 결정하다	175	
juéduì 绝对 절대로	140	

K

kāi 开 (닫힌 것을) 열다	80
kāi//chē 开车 운전하다	185
kāi//huì 开会 회의하다, 회의를 열다	102
kǎo 烤 굽다	63
kǎomiànbāoxiāng 烤面包箱 토스터	63
kǎofēn 考分 시험 점수	156
kǎo//shàng 考上 합격하다	119
kǎotí 考题 시험 문제	186
kě 渴 갈증이 나다	16
kě'ài 可爱 귀엽다	107
kělè 可乐 콜라	163
kèfú 克服 극복하다	78
kěndìng 肯定 분명히, 틀림없이	63
kǒu 口 입과 관련 있는 동작의 횟수를 세는 (차량) 동량사. 입, 모금, 마디	107
kǒu kě 口渴 목이 마르다	16
kū 哭 울다	106
kuāzhāng 夸张 과장하다	122
kùnnan 困难 어려움, 곤란	78

L

lājī 垃圾 쓰레기	81
lǎo 老 늙다	49
lǎorén 老人 노인	138
lí 梨 (과일의) 배	140
lǐ 理 거들떠보다, 상대하다	171
lǐyóu 理由 이유	175
lìhai 厉害 심하다, 대단하다	16
liǎ 俩 두 사람, 두 개	32
liànxí 练习 연습; 연습하다	122
liáng 凉 식다, 차가워지다	86
liàng 辆 바퀴 달린 것을 세는 양사. 대	144
línjū 邻居 이웃	143
lǐngdài 领带 넥타이	49
liúxuéshēng 留学生 유학생	121
lóu 楼 층	31
lóutī 楼梯 계단	31
lùyòng 录用 채용하다	155

M

mǎlù 马路 도로, 큰길	28
mà 骂 욕하다, 꾸짖다	169
mǎnfēn 满分 만점	156
mǎnyì 满意 만족하다	91
màn 慢 (속도가) 느리다	21
méi cuò 没错 틀림없다, 그렇다	81
méishìr 没事儿 상관없다, 괜찮다	106
méiyǔ 梅雨 장마	81
méiyǔjì 梅雨季 장마철	85
mén 门 학문 따위를 세는 양사. 과목	139
ménkǒu 门口 입구, 현관	80
míyǔ 谜语 수수께끼	104
mǐ 米 미터(m)	118
mìmì 秘密 비밀	170
miǎn 免 면하다, 피하다	17

miànshì 面试 면접 시험	155	
mìnglìng 命令 명령하다	14	
Mǔqīn Jié 母亲节 어머니날	136	
mùqián 目前 지금, 현재	156	

N

ná 拿 (손에) 가지다, 들다	16
nádào 拿到 받다, 입수하다	156
nánshòu 难受 괴롭다	171
nào 闹 아우성치다	106
niánjí 年级 학년	121
niánjì 年纪 나이, 연령	28
niánqīng 年轻 젊다	53
niàobù 尿布 기저귀	107
niē 捏 (손으로) 쥐다	28
niúnǎi 牛奶 우유	53
niúzǎikù 牛仔裤 청바지	
nòng 弄 하다(원래 써야 할 동사를 쓰기 불편하거나 곤란한 경우에 그 동사를 대신함)	20
nǔlì 努力 노력하다	119
nǚhái 女孩 여자 아이	110

P

pá 爬 기다, 오르다	31
pà 怕 ……할까봐 걱정이다	32
pāi 拍 (사진, 영화 등을) 찍다	48
pāi mǎpì 拍马屁 아첨하다	156
pái//duì 排队 줄을 서다	32
pángbiān 旁边 옆	121
pǎo 跑 달리다	94
piàn 片 얇고 작은 물건을 세는 단위. 조각	69
píngguǒ 苹果 (과일의) 사과	139

Q

qí 骑 (말, 자전거 따위를 다리를 벌려서) 타다	112
qíguài 奇怪 이상하다	80
qìchē 汽车 자동차	154
qiānwàn 千万 반드시, 절대로	138
qiánbāo 钱包 (돈)지갑	13
qiánhòu 前后 ……의 전후	48
qiánnián 前年 재작년	126
qiáng 墙 담, 벽	34
qiàomén 窍门 비결, 요령	122
qīn'ài 亲爱 친애하다	90
Qíngrén Jié 情人节 발렌타인 데이	136
qiúsài 球赛 구기 시합	54
qiúzhí 求职 구직; 구직하다	48
qǔdé 取得 얻다, 취득하다	119
quánjiāfú 全家福 가족 사진	55
quàn 劝 권하다	14
quē 缺 모자라다	63
què 却 오히려, 반대로	82

R

ràng 让 양보하다	106
rènwéi 认为 ……라고 여기다	18
rènzhēn 认真 진지하다, 성실하다	119
rìchéng 日程 일정	155
rú 如 ……와/과 같다	50
rùxué 入学 입학; 입학하다	121

S

sàobǎ 扫把 빗자루	81
shāfā 沙发 소파	83
shànliáng 善良 착하다	170
shàng//bān 上班 출근하다	155
shàngqù 上去 올라가다	32

shàng//xué 上学 등교하다, 학교에 다니다	64
shēncái 身材 몸매	64
shēng 声 (목) 소리; 소리를 세는 양사	63
shēngyīn 声音 (목)소리	16
shēng 升 떠오르다	103
shēnghuó 生活 생활; 생활하다	90
shēng//qì 生气 화내다	138
shéngzi 绳子 끈	34
shěng 省 절약하다	64
shīdù 湿度 습도	180
shíchén-dàhǎi 石沉大海 돌맹이가 큰 바다 속으로 가라앉은 듯하다; 감감무소식이다	50
shíhuà shíshuō 实话实说 사실을 있는 대로 말하다	80
shōudào 收到 받다	138
shōuyīnjī 收音机 라디오	76
shǒu 首 노래 등을 세는 양사	54
shǒubiǎo 手表 손목시계	134
shòubuliǎo 受不了 견딜 수 없다	106
shòu//shāng 受伤 (사람이) 부상을 당하다, (물건에) 상처가 나다	33
shū 书 서류, 문서	48
shūdiàn 书店 서점	160
shūcài 蔬菜 채소	93
shù 树 나무	34
shùxuétí 数学题 수학 문제	173
shuāi 摔 (균형을 잃고) 쓰러지다	27
shuāidǎo 摔倒 (균형을 잃고) 넘어지다	109
shuǐ 水 물	16
shuǐguǒ 水果 과일	22
shuǐpíng 水平 수준	160
shùnbiàn 顺便 ……하는 김에	48
shùnlì 顺利 순조롭다	157
shuō//huà 说话 말하다	127
shuōmíng 说明 설명하다	175
sòng//lǐ 送礼 선물을 보내다	140
sòng//zhōng 送终 장례를 치르다	138
sùshè 宿舍 기숙사	119
suīrán……dànshì…… 虽然……但是…… 비록……이기는 하지만 그러나……	64
suì 碎 부서지다, 깨지다	16
suìsuì píng'ān 岁岁平安 새해 인사말, 매년 평안하시기를 기원합니다	16

T

tāmen 它们 그것들	50
tái 抬 (두 사람이 물건을) 맞들다	169
tàidù 态度 태도	156
tàiyáng 太阳 해, 태양	103
tàntóu-tànnǎo 探头探脑 머리를 내밀고 두리번거리며 주위를 살피다, 몰래 주위를 살피다	80
tǎng 躺 눕다	83
tíchū 提出 제의하다, 제출하다	150
tǐyàn 体验 체험; 체험하다	90
tì 替 대신하다	17
tiān 天 하늘	94
tiào 跳 뛰다	80
tiào//wǔ 跳舞 춤 추다	142
tiē 贴 붙이다	48
tíng 停 멈추다, 그치다	150
tóngyì 同意 동의하다, 찬성하다	62
tóngyīn 同音 동음; 동음이다	17
tōu 偷 훔치다	81
tōukàn 偷看 훔쳐 보다	81
túbù dàhuì 徒步大会 걷기 대회	108
tǔ 土 촌스럽다	50
tuǐ 腿 다리	31
Tuōfú 托福 토플(TOEFL)	156
Tuōyè 托业 토익(TOEIC)	156

W

wàng 忘 잊다	135
wéirén 为人 사람 됨됨이, 인품	14
wèi…… 为…… ……을 위하여	157

wèile 为了 ……을 위하여	65	
wèizi 位子 자리	108	
wén 闻 (냄새를) 맡다	107	
wūli 屋里 방안	76	
wúshù 无数 헤아릴 수 없다, 매우 많다	157	
wùhuì 误会 오해; 오해하다	140	

X

xīwàng 希望 희망(하다)	180
xǐ//wǎn 洗碗 설거지하다	36
xǐxùn 喜讯 희소식, 기쁜 소식	157
xì 系 학과	121
xià 吓 놀라다, 놀라게 하다	80
xià//bān 下班 퇴근하다	155
xià//xuě 下雪 눈 내리다	62
xiàzhōu 下周 다음 주	155
xiǎn 显 ……처럼 보이다, ……을 드러내다	49
xiǎnde 显得 ……하게 보이다	156
xiǎnlǎo 显老 늙어 보이다	49
Xiānggǎng 香港 홍콩	127
xiāngjiāo 香蕉 바나나	134
xiāngjù 相聚 함께 모이다	90
xiāngxìn 相信 믿다	143
xiāngzi 箱子 상자, 트렁크	169
xiǎngfǎ 想法 생각	175
xiāosǎ 潇洒 자연스럽고 세련되다, 스마트하다	170
xiāoxi 消息 소식, 뉴스	155
xiǎobiàn 小便 소변; 소변을 보다	107
xiǎonánhái 小男孩 남자 아이	106
xiǎoniǎo 小鸟 작은 새	94
xiǎoshuō 小说 소설	29
xiǎotōu 小偷 (좀)도둑	81
xiǎoxīn 小心 조심하다	31
xié 鞋 신발	141
xīnkǔ 辛苦 고생하다	62
xīnli 心里 마음속	18

xīnshàngrén 心上人 마음에 둔 사람	170
xīnnián 新年 새해, 신년	150
xīnshēng 新生 신입생	121
xīnwén 新闻 (신문이나 방송 따위의) 뉴스	180
xìnfēng 信封 편지 봉투	54
xíngyǐng-bùlí 形影不离 그림자처럼 따라다니다	171
xìngyùn 幸运 운이 좋다, 행운이다	108
xiū 修 수리하다	51
xūyào 需要 ……해야 한다, ……이 필요하다	64
xuéhǎo 学好 잘 배우다	122
xuéjiě 学姐 선배 언니(누나)	121
xuéwen 学问 학문, 지식(학문, 지식이 풍부함)	139

Y

yánzhòng 严重 심각하다	49
yāoqiú 要求 요구하다	14
yǎo 咬 (입으로) 물다	107
yéye 爷爷 할아버지	138
yěxǔ 也许 아마도, 어쩌면	49
yǐshàng 以上 상술한 것, 이상(의 것)	36
yǐwéi 以为 ……인 줄 알다, ……라고 (잘못) 생각하다	81
yǐzi 椅子 의자	46
yìjiàn 意见 의견	62
yìjǔ-liǎngdé 一举两得 일거양득, 일석이조	64
yìzhí 一直 줄곧	82
yīnxìn 音信 소식	49
yīnyuè 音乐 음악	51
yǐnqǐ 引起 야기하다, (사건을) 일으키다	140
Yīngwén 英文 영문	104
yōumò 幽默 익살맞다, 유머러스하다	170
yǒuyòng 有用 쓸모 있다, 유용하다	156
yǔyánbān 语言班 어학원, 언어연수반	121
yùdào 遇到 만나다, 부닥치다	151
yuánlái rúcǐ 原来如此 알고 보니 그렇다	139

yuànyi 愿意　······하기를 바라다	176
yuè······yuè······ 越······越······　······하면 할수록 ······하다	156

Z

zāihuò 灾祸　재앙	17
zāodào 遭到　(불행한 혹은 불리한 일을) 당하다, 만나다	157
zhàn 站　서다	52
zhàngfu 丈夫　남편	53
zhàopiàn 照片　사진	48
zhào······shuō 照······说　······에 비추어 말하자면, ······대로 말하면	17
zhe 着　상태의 지속을 나타내는 동태조사	80
zhe ne 着呢　형용사의 뒤에서 강조의 느낌을 표시한다	122
zhēnglùn 争论　논쟁(하다)	142
zhěngtiān 整天　종일	171
zhèngfǔ 政府　정부	150
zhèngjiàn 证件　증명서	49
zhèngjiànzhào 证件照　증명사진	49
zhèngshì shíhou 正是时候　올바른 시점이다, 딱 들어맞는 때이다	81
zhījiān ······之间　······의 사이	140
zhīqián 之前　······전	90
zhǐyào 只要　······하기만 하면	122
zhǐyǒu 只有　······해야만	122
zhìyú 至于　······할 지경에 이르다	122
zhōng 钟　괘종시계	138
Zhōngguó yínháng 中国银行　중국은행	155
Zhōngqiū Jié 中秋节　추석	46
zhōngxún 中旬　중순	82
zhòngshì 重视　중시; 중시하다	156
zhòngyào 重要　중요하다	78
zhōudao 周到　꼼꼼하다, 세심하다	63
zhùshòu 祝寿　생신을 축하하다	138
zhùyì 注意　주의(하다)	142
zhuàngdǎo 撞倒　부딪쳐 넘어지다	31
zhuōzi 桌子　책상, 테이블	52
zǐxì 仔细　자세하다	155
zì 字　글자	113
zìxìn 自信　자신	120
zìxíngchē 自行车　자전거	31
zǒngshì 总是　늘, 항상	151
zǒu//lù 走路　길을 걷다	64
zūjīn 租金　임대료, 집세	64
zuìhǎo 最好　가능하다면	85
zuìzhōng 最终　최종, 마지막	157
zuòwèi 座位　좌석	106

※ 본문에 나오는 단어는 본문 페이지를 기준으로 표시하였다. 그 외의 기타 단어는 처음 출현한 페이지를 기준으로 표시하였다.

단어색인

제1과

水 shuǐ 물
口渴 kǒu kě 목이 마르다
渴 kě 갈증이 나다
厉害 lìhai 심하다, 대단하다
杯 bēi 컵에 담긴 음료를 세는 양사. 잔, 컵
拿 ná (손에) 가지다, 들다
声音 shēngyīn (목)소리
杯子 bēizi 컵
被 bèi ……에게 ……을 당하다
打碎 dǎsuì 깨져 부서지다
碎 suì 부서지다, 깨지다
岁岁平安 suìsuì píng'ān 새해 인사말, 매년 평안하시기를 기원합니다
同音 tóngyīn 동음; 동음이다
替 tì 대신하다
免 miǎn 면하다, 피하다
灾祸 zāihuò 재앙
照……说 zhào……shuō ……에 비추어 말하자면, ……대로 말하면
好事 hǎoshì 좋은 일
建议 jiànyì 건의하다
保 bǎo 보증하다, 보장하다
逗 dòu 우습다, 재미있다
认为 rènwéi ……라고 여기다
吉利 jílì 길하다, 상서롭다
心里 xīnli 마음속
担心 dān//xīn 걱정하다

제2과

腿 tuǐ 다리
小心 xiǎoxīn 조심하다
自行车 zìxíngchē 자전거
撞倒 zhuàng dǎo 부딪쳐 넘어지다
倒 dǎo 쓰러지다, 넘어지다
出血 chū//xiě 피가 나다
教室 jiàoshì 교실
楼 lóu 층
爬 pá 기다, 오르다
楼梯 lóutī 계단
电梯 diàntī 승강기, 엘리베이터
上去 shàngqù 올라가다
排队 pái//duì 줄을 서다
怕 pà ……할까봐 걱정이다
加劲(儿) jiā//jìn(r) 힘을 내다
把 bǎ 주로 나이, 힘, 땀 따위를 세는 양사
打气 dǎ//qì 격려하다, 응원하다
俩 liǎ 두 사람, 두 개
动作 dòngzuò 동작
受伤 shòu//shāng (사람이) 부상을 당하다, (물건에) 상처가 나다

제3과

求职 qiúzhí 구직; 구직하다
简历 jiǎnlì 약력, 이력(서)
把 bǎ ……을/를. 목적어를 동사의 앞으로 전치시키는 개사
顺便 shùnbiàn ……하는 김에
参谋 cānmóu 조언하다
贴 tiē 붙이다
书 shū 서류, 문서
照片 zhàopiàn 사진
拍 pāi (사진, 영화 등을) 찍다
寒假 hánjià 겨울 방학
前后 qiánhòu (……의) 전후
老 lǎo 늙다
领带 lǐngdài 넥타이
显老 xiǎnlǎo 늙어 보이다
显 xiǎn ……처럼 보이다, ……을/를 드러내다
毫无 háowú 조금도 ……이 없다
音信 yīnxìn 소식
也许 yěxǔ 어쩌면
严重 yánzhòng 심각하다
不管 bùguǎn ……에 관계없이, ……와/과 상관없이
证件照 zhèngjiànzhào 증명사진
证件 zhèngjiàn 증명서
重新 chóngxīn 다시 한 번
它们 tāmen 그것들
如 rú ……와/과 같다
石沉大海 shíchéndàhǎi 돌맹이가 큰 바다 속으로 가라앉은 듯하다; 감감무소식이다
土 tǔ 촌스럽다

제4과

恭喜 gōngxǐ 축하하다
搬 bān 옮기다
猜 cāi 추측하다
肯定 kěndìng 분명히, 틀림없이
缺 quē 모자라다
烤面包箱 kǎomiànbāoxiāng 토스터
烤 kǎo 굽다
周到 zhōudao 꼼꼼하다, 세심하다
搬家 bān//jiā 이사하다
声 shēng (목) 소리; 소리를 세는 양사
就业 jiù//yè 취업하다
打扰 dǎrǎo 방해하다
反正 fǎnzhèng 어차피
需要 xūyào ……해야 한다, ……이 필요하다
虽然……但是…… suīrán……dànshì…… 비록……이기는 하지만 그러나……
租金 zūjīn 임대료, 집세
省 shěng 절약하다
不少 bùshǎo 적지 않다
走路 zǒu//lù 길을 걷다
上学 shàng//xué 등교하다, 학교에 다니다
锻炼 duànliàn 단련하다
一举两得 yìjǔ-liǎngdé 일거양득, 일석이조
身材 shēncái 몸매
距离 jùlí 거리
为了 wèile ……을 위하여
花 huā (돈을) 쓰다, 소비하다
减肥 jiǎn//féi 다이어트하다, 살을 빼다

제5과

奇怪 qíguài 이상하다
大门 dàmén 대문
窗户 chuānghu 창문
开 kāi (닫힌 것을) 열다
着 zhe 상태의 지속을 나타내는 동태조사
门口 ménkǒu 입구, 현관
探头探脑 tàntóu-tànnǎo 머리를 내밀고 두리번거리며 주위를 살피다, 몰래 주위를 살피다
地 de 구조조사, 동사/형용사의 수식어를 표시한다
干 gàn 하다
吓 xià 놀라다, 놀라게 하다
跳 tiào 뛰다
实话实说 shíhuà shíshuō 사실을 있는 대로 말하다
坏 huài 나쁘다
偷看 tōukàn 훔쳐 보다
偷 tōu 훔치다
几乎 jīhū 거의
没错 méi cuò 틀림없다, 그렇다
的确 díquè 확실히
很少 hěn shǎo 거의 ……않다
以为 yǐwéi ……인 줄 알다, ……라고 (잘못) 생각하다
小偷 xiǎotōu (좀)도둑
梅雨 méiyǔ 장마
刚 gāng 막, 방금, 바로
潮湿 cháoshī 습하다, 축축하다
换气 huàn//qì 환기; 환기하다
大扫除 dàsǎochú 대청소; 대청소하다
怪不得 guàibude 어쩐지
堆 duī 산처럼 쌓여 있는 물건 혹은 무리를 이루고 있는 사람을 세는 양사. 무더기, 무리
垃圾 lājī 쓰레기
正是时候 zhèngshì shíhou 올바른 시점이다, 딱 들어맞는 때이다
扫把 sàobǎ 빗자루
中旬 zhōngxún 중순
一直 yìzhí 줄곧
初 chū 초(어떤 기간의 처음이나 초기)
趁 chèn (때, 기회를) 봐서, ……한 틈을 타서
打开 dǎ//kāi 열다
打扫 dǎsǎo 청소하다
却 què 오히려, 반대로

제6과

亲爱 qīn'ài 친애하다
放 fàng (학교 혹은 직장이) 파하다, (물건 따위를) 두다, 놓다
之前 zhīqián ……전
体验 tǐyàn 체험; 체험하다
打工 dǎ//gōng 아르바이트를 하다
生活 shēnghuó 생활; 생활하다

放弃 fàngqì 포기하다
回国 huí//guó 귀국하다
相聚 xiāngjù 함께 모이다
满意 mǎnyì 만족하다
放心 fàng//xīn 마음을 놓다, 안심하다

제7과

孩子 háizi 어린이, 아이
小男孩 xiǎonánhái 남자 아이
哭 kū 울다
闹 nào 아우성치다
地铁 dìtiě 지하철
受不了 shòubuliǎo 견딜 수 없다
座位 zuòwèi 좌석
背 bēi 업다
阿姨 āyí 아주머니
让 ràng 양보하다
刚才 gāngcái 방금
没事儿 méishìr 상관없다, 괜찮다
脚 jiǎo 발
可爱 kě'ài 귀엽다
咬 yǎo 물다
口 kǒu 입과 관련 있는 동작의 횟수를 (차용)동량사. 입, 모금, 마디
闻 wén (냄새를) 맡다
臭味 chòuwèi 악취
臭 chòu (냄새 따위가) 구리다, (나쁜) 냄새가 나다
放屁 fàng//pì 방귀를 뀌다
大便 dàbiàn 대변; 대변을 보다
小便 xiǎobiàn 소변; 소변을 보다
尿布 niàobù 기저귀
徒步大会 túbù dàhuì 걷기 대회
位子 wèizi 자리
幸运 xìngyùn 운이 좋다, 행운이다
赶紧 gǎnjǐn 서둘러

제8과

旁边 pángbiān 옆
系 xì 학과
留学生 liúxuéshēng 유학생

学姐 xuéjiě 선배 언니(누나)
入学 rùxué 입학; 입학하다
年级 niánjí 학년
新生 xīnshēng 신입생
语言班 yǔyánbān 어학원, 언어연수반
半 bàn 절반
窍门 qiàomén 비결, 요령
方法 fāngfǎ 방법
只有 zhǐyǒu ……해야만
练习 liànxí 연습; 연습하다
学好 xuéhǎo 잘 배우다
交朋友 jiāo péngyou 친구를 사귀다
交 jiāo 교제하다, 사귀다
着呢 zhe ne 형용사의 뒤에서 강조의 느낌을 표시한다
只要 zhǐyào ……하기만 하면
跟着 gēnzhe 따라가다
夸张 kuāzhāng 과장하다
至于 zhìyú ……할 지경에 이르다
金规旻 Jīn Guīmín 진구이민, 상하이 출신의 중국인 여자 유학생

제9과

爷爷 yéye 할아버지
过 guò (세월, 시간을) 보내다, (시간이) 지나다, (명절, 축제를) 쇠다
讲究 jiǎngjiu 집착하다, 신경을 쓰다 ; 도리, 심오한 이치
比如 bǐrú 예를 들면
千万 qiānwàn 반드시, 절대로
钟 zhōng 괘종시계
老人 lǎorén 노인
祝寿 zhùshòu 생신을 축하하다
送终 sòng//zhōng 장례를 치르다
收到 shōudào 받다
生气 shēng//qì 화내다
原来如此 yuánlái rúcǐ 알고 보니 그렇다
苹果 píngguǒ (과일의) 사과
表示 biǎoshì 가리키다, 의미하다
门 mén 학문 따위를 세는 양사. 과목
学问 xuéwen 학문, 지식(학문, 지식이 풍부함)
送礼 sòng//lǐ 선물을 보내다
引起 yǐnqǐ 야기하다, (사건을) 일으키다

误会 wùhuì 오해; 오해하다
……之间 zhījiān ……의 사이
绝对 juéduì 절대로
分 fēn 나누다
梨 lí (과일의) 배

제10과
消息 xiāoxi 소식, 뉴스
到底 dàodǐ 도대체
叫 jiào ……하게 하다
激动 jīdòng 흥분하다
面试 miànshì 면접 시험
结果 jiéguǒ 결과
录用 lùyòng 채용하다
上班 shàng//bān 출근하다
下班 xià//bān 퇴근하다
具体 jùtǐ 구체적이다
日程 rìchéng 일정
下周 xiàzhōu 다음 주
仔细 zǐxì 자세하다
技巧 jìqiǎo 기교, 테크닉
参考 cānkǎo 참고; 참고하다
当……时 dāng……shí 사건이나 행위가 발생한 시점을 표시한다
态度 tàidù 태도
从容不迫 cóngróng-búpò 침착하다, 태연자약(하다)
显得 xiǎnde ……하게 보이다
紧张 jǐnzhāng 긴장하다
有用 yǒuyòng 쓸모 있다, 유용하다
目前 mùqián 지금, 현재
重视 zhòngshì 중시; 중시하다
托福 Tuōfú 토플(TOEFL)
托业 Tuōyè 토익(TOEIC)
考分 kǎofēn 시험 점수
越……越…… yuè……yuè…… ……하면 할수록 ……하다
满分 mǎnfēn 만점
拿到 nádào 받다, 입수하다
聪明 cōngming 똑똑하다
拍马屁 pāi mǎpì 아첨하다

过程 guòchéng 과정
顺利 shùnlì 순조롭다
遭到 zāodào (불행한 혹은 불리한 일을) 당하다, 만나다
无数 wúshù 헤아릴 수 없다, 매우 많다
挫折 cuòzhé 좌절, 실패; 좌절하다, 실패하다
最终 zuìzhōng 최종, 마지막
喜讯 xǐxùn 희소식, 기쁜 소식
满意 mǎnyì 만족하다
为…… wèi…… ……을 위하여
感到 gǎndào 느끼다
中国银行 Zhōngguó yínháng 중국은행

제11과
打扮 dǎban 치장하다
心上人 xīnshàngrén 마음에 둔 사람
秘密 mìmì 비밀
既……又…… jì……yòu…… ……할 뿐만 아니라 ……하기까지 하다
善良 shànliáng 착하다
潇洒 xiāosǎ 자연스럽고 세련되다, 스마트하다
加上 jiāshàng 게다가
幽默 yōumò 익살맞다, 유머러스하다
即使 jíshǐ 설령……할 지라도
理 lǐ 거들떠보다, 상대하다
怪 guài 원망하다, 탓하다
整天 zhěngtiān 종일
形影不离 xíngyǐng-bùlí 그림자처럼 따라다니다
单相思 dānxiāngsī 짝사랑; 짝사랑하다
难受 nánshòu 괴롭다
暗恋 ànliàn 남모르게 사모하다, 몰래 사랑하다
对方 duìfāng 상대방
感情 gǎnqíng 감정

제12과
湿度 shīdù 습도
新闻 xīnwén (신문이나 방송 따위의) 뉴스
报道 bàodào 보도; 보도하다
希望 xīwàng 희망, 희망하다
保重 bǎozhòng 몸 조심하다, 건강에 주의하다

MEMO

김준헌·왕혜경 공저

워크북의 MP3와 모범 답안은 시사중국어사 홈페이지 (www.sisabooks.com)에서 다운로드 하실 수 있습니다.

4 Step

시사중국어사

1 杯子被打碎了。 Bēizi bèi dǎsuì le.

一. 발음 다지기 코너

발음과 성조에 주의하며, 녹음을 따라 읽어보시오.

一二三四五六七,
Yī èr sān sì wǔ liù qī,

七六五四三二一,
qī liù wǔ sì sān èr yī,

六五四，三二一,
liù wǔ sì, sān èr yī,

四三二一三二一。
sì sān èr yī sān èr yī.

七棵树开七样花,
Qī kē shù kāi qī yàng huā,

七棵树结七种果。
qī kē shù jié qī zhǒng guǒ.

柿子、石榴、李子、栗子、荔枝、大枣、梨。
Shìzi, shíliu, lǐzi, lìzi, lìzhī, dàzǎo, lí.

二. 듣기 다지기 코너

1 녹음을 잘 듣고 도둑이 훔쳐가는(偷走[tōuzǒu]) 물건 중에서 내 것에는 'O', 내 것이 아닌 물건에는 'X'를 표시하시오.

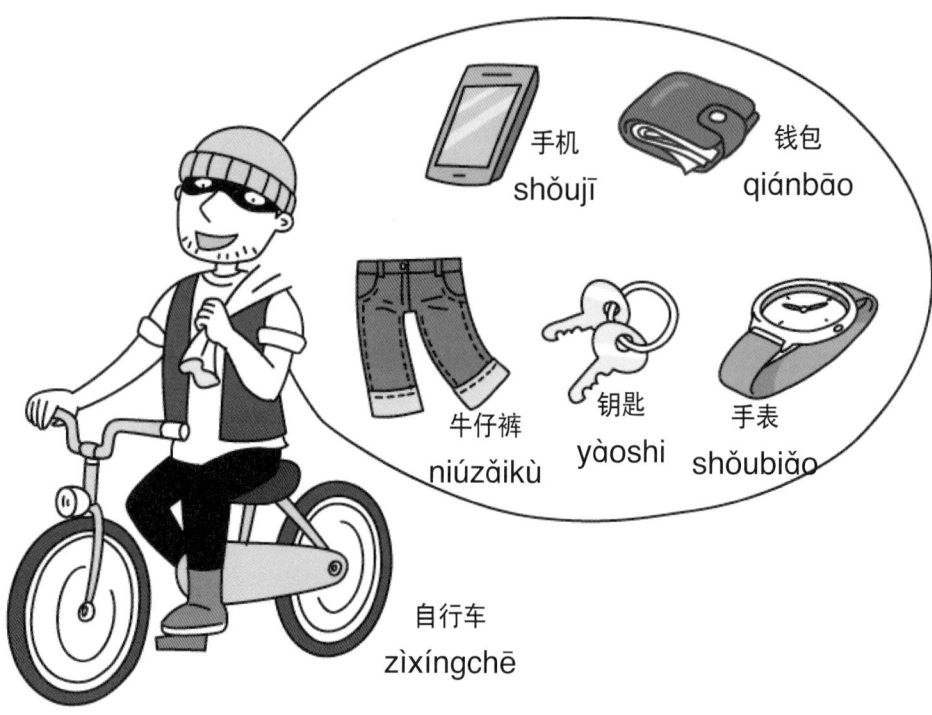

2 녹음을 잘 듣고 물건과 그 물건을 그렇게 만든 사람을 서로 연결하시오.

A    가.

B    나.

C    다.

D    라.

三. 단어 다지기 코너

중국어	한어병음	한국어 뜻
	kǒu kě	목 마르다
	lìhai	심하다, 대단하다
	ná	(손에) 가지다, 들다
声音		(목)소리
打碎		깨져 부서지다
免		면하다, 피하다
灾祸	zāihuò	
建议	jiànyì	
逗	dòu	

四. 한자 다지기 코너

1 아래 간체자를 따라 쓰시오.

渴 kě	渴	渴				
厉 lì	厉	厉				
被 bèi	被	被				
碎 suì	碎	碎				
免 miǎn	免	免				

❶ 杯子被打碎了。 Bēizi bèi dǎsuì le.

灾 zāi	灾	灾				
祸 huò	祸	祸				
逗 dòu	逗	逗				
吉 jí	吉	吉				

2 중국어 문장을 따라 쓰시오.

你这儿有水喝吗?

我口渴得很厉害。

杯子被打碎了。

杯子替我免去了灾祸。

2. 老师快要走进教室里去了。
Lǎoshī kuài yào zǒu jìn jiàoshìli qù le.

一. 발음 다지기 코너

발음과 성조에 주의하며, 녹음을 따라 읽어보시오.

四是四，十是十，
Sì shì sì, shí shì shí,

四十是四十，
sìshí shì sìshí,

十四是十四，
shísì shì shísì,

四十减十四，
sìshí jiǎn shísì,

再乘四十四，
zài chéng sìshísì,

就是一千一百四十四，
jiùshì yìqiān yìbǎi sìshísì,

不信你就试一试。
bú xìn nǐ jiù shì yi shì.

二. 듣기 다지기 코너

녹음의 내용과 주어진 그림이 일치하면 'O', 일치하지 않으면 'X'를 표시하시오.

(1) (   )

(2) (   )

(3) (   )

(4) (   )

(5) (   )

(6) (   )

(7) (   )

(8) (   )

三. 단어 다지기 코너

중국어	한어병음	한국어 뜻
	xiǎoxīn	조심하다
	pá	기다, 오르다
	lóutī	계단
排队		줄을 서다
打气		격려하다, 응원하다
加劲(儿)		힘을 내다
自行车	zìxíngchē	
俩	liǎ	
受伤	shòu//shāng	

四. 한자 다지기 코너

1 아래 간체자를 따라 쓰시오.

腿 tuǐ	腿	腿				
撞 zhuàng	撞	撞				
血 xiě	血	血				
爬 pá	爬	爬				
梯 tī	梯	梯				

❷ 老师快要走进教室里去了。 Lǎoshī kuài yào zǒu jìn jiàoshìli qù le.

队 duì	队	队				
劲 jìn	劲	劲				
受 shòu	受	受				
伤 shāng	伤	伤				

2 중국어 문장을 따라 쓰시오.

昨天不小心在路上被自行车撞倒了。

我怕会迟到。

老师快要走进教室里去了。

我们只好爬楼梯上了五楼。

3 你把写好的简历拿给我看看。
Nǐ bǎ xiě hǎo de jiǎnlì ná gěi wǒ kànkan.

一. 발음 다지기 코너

발음과 성조에 주의하며, 녹음을 따라 읽어보시오.

一百一十一个寺,
Yìbǎi yīshíyī ge sì,

一百一十一个僧,
yìbǎi yīshíyī ge sēng,

一百一十一个钟,
yìbǎi yīshíyī ge zhōng,

一百一十一个蜂。
yìbǎi yīshíyī ge fēng.

一百一十一个僧,
Yìbǎi yīshíyī ge sēng,

撞一百一十一个钟,
zhuàng yìbǎi yīshíyī ge zhōng,

一百一十一个蜂,
yìbǎi yīshíyī ge fēng,

螫一百一十一个僧。
zhē yìbǎi yīshíyī ge sēng.

二. 듣기 다지기 코너

'A'와 'B' 두 사람의 대화를 잘 듣고 대화 내용에 맞는 그림을 고르시오.

(1) a.  b.  c.

(2) a.  b.  c.

(3) a.  b.  c.

(4) a.
消防队员 xiāofángduìyuán
b.  c.
警察 jǐngchá

(5) a.  b.  c.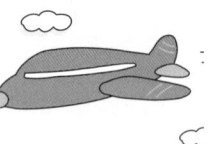

(6) a.  b.  c.

三. 단어 다지기 코너

중국어	한어병음	한국어 뜻
	qiúzhí	구직, 구직하다
	háowú	조금도 ~이 없다
	lǐngdài	넥타이
严重		심각하다
也许		어쩌면
顺便		~하는 김에
参谋	cānmóu	
照片	zhàopiàn	
寒假	hánjià	

四. 한자 다지기 코너

1 아래 간체자를 따라 쓰시오.

职 zhí	职	职				
简 jiǎn	简	简				
顺 shùn	顺	顺				
领 lǐng	领	领				
显 xiǎn	显	显				

❸ 你把写好的简历拿给我看看。 Nǐ bǎ xiě hǎo de jiǎnlì ná gěi wǒ kànkan.

毫 háo	毫	毫				
严 yán	严	严				
沉 chén	沉	沉				
土 tǔ	土	土				

2 중국어 문장을 따라 쓰시오.

我在写求职简历呢。

你把写好的简历拿给我看看。

你顺便给我参谋参谋吧。

没有你说得那么严重吧?

4 虽然离学校远，但是租金比学校附近的便宜一些。
Suīrán lí xuéxiào yuǎn, dànshì zūjīn bǐ xuéxiào fùjìn de piányi yìxiē.

一. 발음 다지기 코너

발음과 성조에 주의하며, 녹음을 따라 읽어보시오.

一只羊，四只脚，
Yì zhī yáng, sì zhī jiǎo,

两眼两耳叫一声"咩---"；
liǎng yǎn liǎng ěr jiào yì shēng "miē---";

两只羊，八只脚，
liǎng zhī yáng, bā zhī jiǎo,

四眼四耳叫两声"咩---"；
sì yǎn sì ěr jiào liǎng shēng "miē---";

三只羊，十二只脚，
sān zhī yáng, shí'èr zhī jiǎo,

六眼六耳叫三声"咩---"；
liù yǎn liù ěr jiào sān shēng "miē---";

四只羊，十六只脚，
sì zhī yáng, shíliù zhī jiǎo,

八眼八耳叫四声"咩---"。
bā yǎn bā ěr jiào sì shēng "miē---".

二. 듣기 다지기 코너

A.    B.

C. 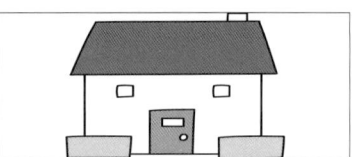   D.

E. 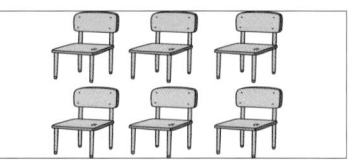   F.

G. 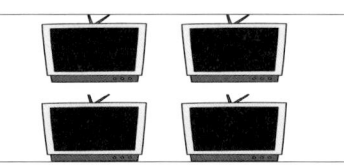   H.

I. 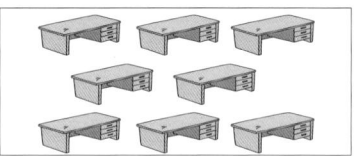   J.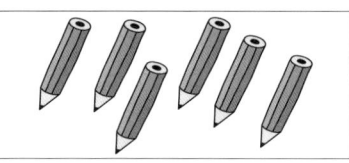

K.    L.

1 보기의 그림을 참고하여 녹음의 내용이 맞으면 'ㅇ', 틀리면 'X'를 표시하시오.

(1) _____   (2) _____   (3) _____   (4) _____

(5) _____   (6) _____   (7) _____   (8) _____

2 녹음의 내용에 맞는 그림을 보기에서 골라 기호를 쓰시오.

(1) _____   (2) _____   (3) _____   (4) _____

三. 단어 다지기 코너

중국어	한어병음	한국어 뜻
	gōngxǐ	축하하다
	shěng	절약하다
	kǎomiànbāoxiāng	토스터
减肥		다이어트하다, 살을 빼다
反正		어차피
租金		임대료, 집세
锻炼	duànliàn	
距离	jùlí	
打扰	dǎrǎo	

四. 한자 다지기 코너

1 아래 간체자를 따라 쓰시오.

恭 gōng	恭	恭				
缺 quē	缺	缺				
烤 kǎo	烤	烤				
扰 rǎo	扰	扰				
反 fǎn	反	反				

❹ 虽然离学校远，但是租金比学校附近的便宜一些。 Suīrán lí xuéxiào yuǎn, dànshì zūjīn bǐ xuéxiào fùjìn de piányi yìxiē.

锻 duàn	锻	锻				
炼 liàn	炼	炼				
举 jǔ	举	举				
减 jiǎn	减	减				

2 중국어 문장을 따라 쓰시오.

我猜你们肯定缺这个。

你想得真周到。

反正我们需要搬的东西也不多。

她们为了省钱,每天都走路上学。

5 大门、窗户怎么都开着呢?
Dàmén, chuānghu zěnme dōu kāizhe ne?

一. 발음 다지기 코너

발음과 성조에 주의하며, 녹음을 따라 읽어보시오.

肉炒豆, 豆炒肉,
Ròu chǎo dòu, dòu chǎo ròu,

肉炒豆, 肉里有豆,
ròu chǎo dòu, ròuli yǒu dòu,

豆炒肉, 豆里有肉。
dòu chǎo ròu, dòuli yǒu ròu.

又吃肉, 又吃豆,
Yòu chī ròu, yòu chī dòu,

又吃豆, 又吃肉,
yòu chī dòu, yòu chī ròu,

吃豆吃肉长肉肉。
chī dòu chī ròu zhǎng ròurou.

二. 듣기 다지기 코너

1 녹음을 잘 듣고 둘 중 해당하는 쪽에 'o'를 표시하시오.

(1)

( )　　　( )

(2)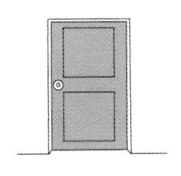

( )　　　( )

2 우리 집 냉장고에는 내가 좋아하는 음식과 싫어하는 음식이 다 들어 있습니다. 녹음을 잘 듣고 내가 좋아하는 음식에는 'ㅇ', 잘 먹지 않는 음식에 'X'를 표시하시오.

三. 단어 다지기 코너

중국어	한어병음	한국어 뜻
	huài	나쁘다
	tàntóu tànnǎo	머리를 내밀고 두리번거리며 주위를 살피다, 몰래 주위를 살피다
	cháoshī	습하다, 축축하다
窗户		창문
实话实说		사실을 있는 대로 말하다
几乎		거의
没错	méi cuò	
的确	díquè	
吓	xià	

四. 한자 다지기 코너

1 아래 간체자를 따라 쓰시오.

怪 guài	怪	怪					
窗 chuāng	窗	窗					
户 hu	户	户					
探 tàn	探	探					
脑 nǎo	脑	脑					

跳 tiào	跳	跳				
乎 hū	乎	乎				
梅 méi	梅	梅				
扫 sǎo	扫	扫				

2 중국어 문장을 따라 쓰시오.

窗户怎么都开着呢?

我什么坏事儿也没做。

我们的确很少开。

怪不得你家门口有一大堆垃圾。

孩子哭着哭着就睡着了。
Háizi kūzhe kūzhe jiù shuìzháo le.

一. 발음 다지기 코너

발음과 성조에 주의하며, 녹음을 따라 읽어보시오.

大哥个儿高,
Dàgē gèr gāo,

二哥个儿也高。
èrgē gèr yě gāo.

大哥说我的个儿比二哥高,
Dàgē shuō wǒ de gèr bǐ èrgē gāo,

二哥说我的个儿比大哥高。
èrgē shuō wǒ de gèr bǐ dàgē gāo.

小妹妹说你们俩的个儿都比我高。
Xiǎomèimei shuō nǐmen liǎ de gèr dōu bǐ wǒ gāo.

二. 듣기 다지기 코너

두 개의 그림 중에서 녹음의 내용과 어울리는 쪽에 'ㅇ'를 표시하시오.

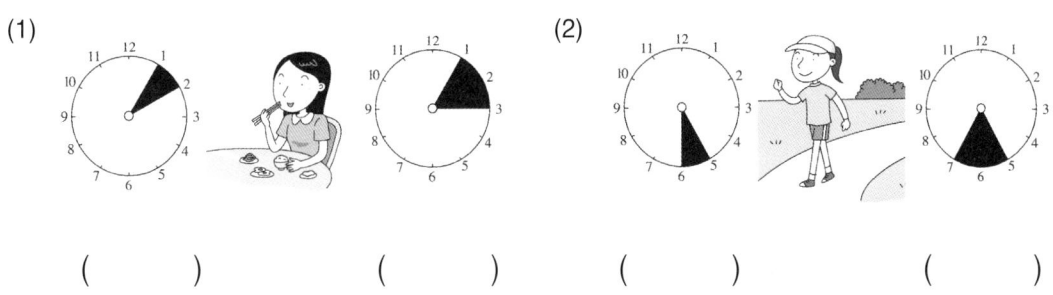

(3)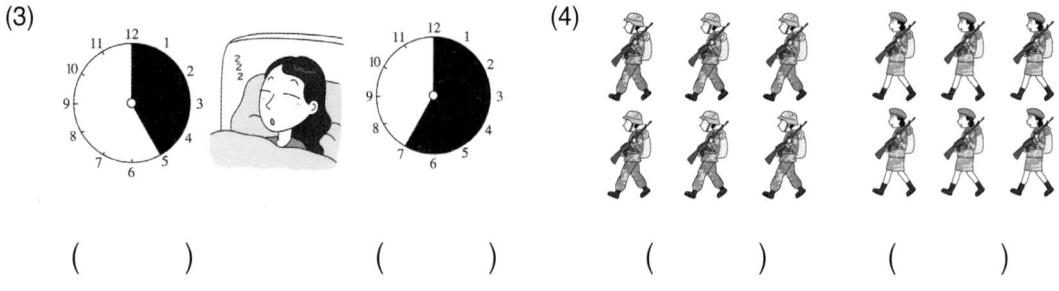
( )　　　( )　　　(4) ( )　　　( )

(5) ( )　　　( )　　　(6) ( )　　　( )
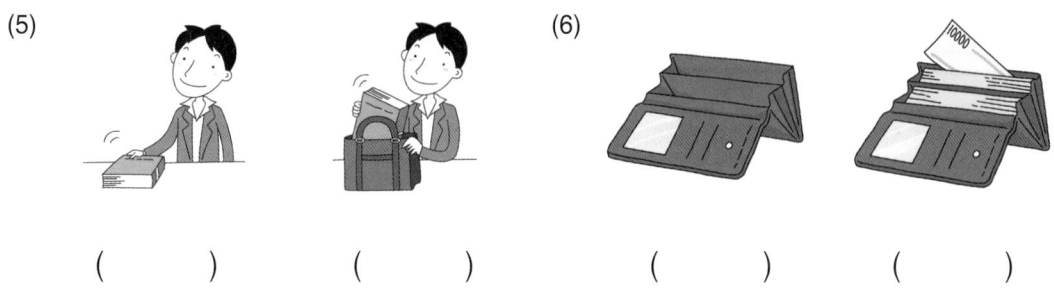

(7)
( )　　　( )　　　(8) ( )　　　( )

三. 단어 다지기 코너

중국어	한어병음	한국어 뜻
	chòuwèi	악취
	fàng//pì	방귀를 뀌다
	nào	아우성치다
脚		발
受不了		견딜 수 없다
尿布		기저귀
幸运	xìngyùn	
大便	dàbiàn	
赶紧	gǎnjǐn	

四. 한자 다지기 코너

1 아래 간체자를 따라 쓰시오.

孩 hái	孩	孩				
哭 kū	哭	哭				
姨 yí	姨	姨				
脚 jiǎo	脚	脚				
臭 chòu	臭	臭				

❼ 孩子哭着哭着就睡着了。 Háizi kūzhe kūzhe jiù shuìzháo le.

屁 pì	屁	屁				
尿 niào	尿	尿				
徒 tú	徒	徒				
幸 xìng	幸	幸				

2 중국어 문장을 따라 쓰시오.

就一个小时，没事儿。

孩子哭着哭着就睡着了。

连一个空位子都没有。

她把位子让给了那位阿姨。

8 只有多练习才能学好。
Zhǐyǒu duō liànxí cái néng xuéhǎo.

一. 발음 다지기 코너

발음과 성조에 주의하며, 녹음을 따라 읽어보시오.

小蜜蜂，嗡嗡嗡，
Xiǎomìfēng, wēng wēng wēng,

飞到东，飞到西。
fēidào dōng, fēidào xī.

蜜蜂东飞东嗡嗡，
Mìfēng dōng fēi dōng wēng wēng,

蜜蜂西飞西嗡嗡。
mìfēng xī fēi xī wēng wēng.

东嗡嗡，西嗡嗡，
Dōng wēng wēng, xī wēng wēng,

飞东飞西小蜜蜂。
fēi dōng fēi xī xiǎomìfēng.

二. 듣기 다지기 코너

녹음의 내용과 그림이 서로 어울리면 'O', 틀리면 'X'를 표시하시오.

(1)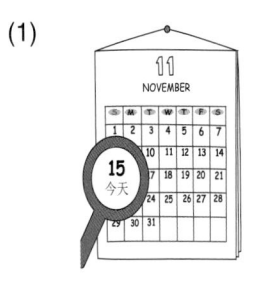

( )

(2)

( )

(3)

( )

(4)

( )

(5)

( )

(6)

( )

(7)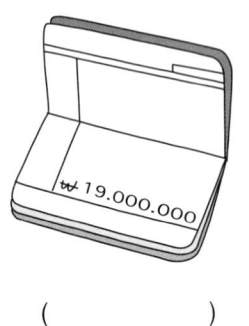

( )

(8)

( )

三. 단어 다지기 코너

중국어	한어병음	한국어 뜻
	qiàomén	비결, 요령
	jiāo	교제하다, 사귀다
	kuāzhāng	과장하다
系		학과
留学生		유학생
只有		~해야만
认为	rènwéi	
只要	zhǐyào	
跟着	gēnzhe	

四. 한자 다지기 코너

1 아래 간체자를 따라 쓰시오.

旁 páng	旁	旁				
留 liú	留	留				
入 rù	入	入				
窍 qiào	窍	窍				
练 liàn	练	练				

夸 kuā	夸	夸				
至 zhì	至	至				
于 yú	于	于				
规 guī	规	规				

2 중국어 문장을 따라 쓰시오.

你旁边的这位是谁?

你来韩国多长时间了?

你太夸张了。

她们还建议她多交一些韩国朋友。

9 给老人祝寿不能送钟。
Gěi lǎorén zhùshòu bù néng sòng zhōng.

一. 발음 다지기 코너

발음과 성조에 주의하며, 녹음을 따라 읽어보시오.

长竹长，我也长，
Chángzhú zhǎng, wǒ yě zhǎng,

我和长竹一起长。
wǒ hé chángzhú yìqǐ zhǎng.

我比长竹长得慢，
Wǒ bǐ chángzhú zhǎng de màn,

长竹长得比我长。
chángzhú zhǎng de bǐ wǒ cháng.

望着长竹长，
Wàngzhe chángzhú zhǎng,

气得哭一场。
qì de kū yì chǎng.

二. 듣기 다지기 코너

녹음을 잘 듣고 아래 지도를 바탕으로 질문에 답하시오.

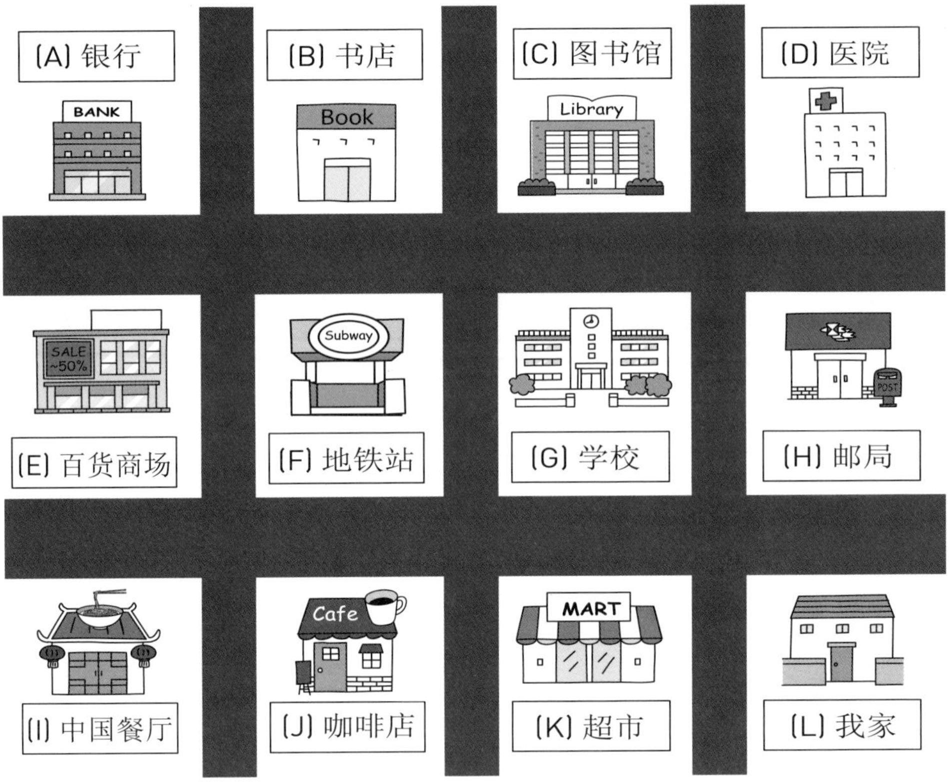

[A] 银行　　[B] 书店　　[C] 图书馆　　[D] 医院

[E] 百货商场　　[F] 地铁站　　[G] 学校　　[H] 邮局

[I] 中国餐厅　　[J] 咖啡店　　[K] 超市　　[L] 我家

(1) _____　　(2) _____

(3) _____　　(4) _____

(5) _____　　(6) _____

(7) _____　　(8) _____

(9) _____　　(10) _____

三. 단어 다지기 코너

중국어	한어병음	한국어 뜻
	zhù//shòu	생신을 축하하다
	jiǎngjiu	집착하다, 신경을 쓰다; 도리, 심오한 이치
	shōudào	받다
原来如此		알고 보니 그렇다
送终		장례를 치르다
生气		화내다
引起	yǐnqǐ	
误会	wùhuì	
表示	biǎoshì	

四. 한자 다지기 코너

1 아래 간체자를 따라 쓰시오.

爷 yé	爷	爷				
讲 jiǎng	讲	讲				
寿 shòu	寿	寿				
终 zhōng	终	终				
果 guǒ	果	果				

表 biǎo	表	表				
误 wù	误	误				
绝 jué	绝	绝				
梨 lí	梨	梨				

2 중국어 문장을 따라 쓰시오.

比如千万不能送钟给老人。

送人苹果表示送人平安。

没想到送礼物也是一门学问。

这样可能会引起一些误会。

 你别拍我马屁了。 Nǐ bié pāi wǒ mǎpì le.

一. 발음 다지기 코너

발음과 성조에 주의하며, 녹음을 따라 읽어보시오.

山上一只虎,
Shānshang yì zhī hǔ,

林中一只鹿,
línzhōng yì zhī lù,

路边一头猪,
lùbiān yì tóu zhū,

草里一只兔,
cǎoli yì zhī tù,

还有一只鼠。
háiyǒu yì zhī shǔ.

请你数一数,
Qǐng nǐ shǔ yi shǔ,

一二三四五,
yī èr sān sì wǔ,

虎鹿猪兔鼠。
hǔ lù zhū tù shǔ.

二. 듣기 다지기 코너

녹음을 잘 듣고 서로 관계있는 그림끼리 연결하시오.

A.

B.

C.

D.

E.

F.

G.

H.

I.

J.

가.

나.

다.

라.

마.

바.

사.

아.

자.

차.

三. 단어 다지기 코너

중국어	한어병음	한국어 뜻
	zǐxì	자세하다
	jīdòng	흥분하다
	cōngming	똑똑하다
顺利		순조롭다
挫折		좌절, 실패; 좌절하다, 실패하다
感到		느끼다
紧张	jǐnzhāng	
录用	lùyòng	
显得	xiǎnde	

四. 한자 다지기 코너

1 아래 간체자를 따라 쓰시오.

消 xiāo	消	消			
底 dǐ	底	底			
激 jī	激	激			
录 lù	录	录			
具 jù	具	具			

10 你别拍我马屁了。 Nǐ bié pāi wǒ mǎpì le.

托 tuō	托	托				
聪 cōng	聪	聪				
遭 zāo	遭	遭				
讯 xùn	讯	讯				

2 중국어 문장을 따라 쓰시오.

我有一个好消息要向你报告。

当你面试时,不要显得太紧张。

这个谁都知道。

托业考分越高越好。

 他连理都不理你。 Tā lián lǐ dōu bù lǐ nǐ.

一. 발음 다지기 코너

발음과 성조에 주의하며, 녹음을 따라 읽어보시오.

(1)

青龙洞中龙做梦,
Qīnglóngdòngzhōng lóng zuò mèng,

青龙做梦出龙洞。
qīnglóng zuò mèng chū lóngdòng.

龙出龙洞洞出龙,
Lóng chū lóngdòng dòng chū lóng,

青龙飞出青龙洞。
qīnglóng fēichū qīnglóngdòng.

(2)

蚕是蚕, 蝉是蝉。
Cán shì cán, chán shì chán.

蚕不是蝉, 蝉不是蚕。
Cán bú shì chán, chán bú shì cán.

常藏叶里的是蚕不是蝉,
Cháng cáng yèli de shì cán bú shì chán,

常唱歌子的是蝉不是蚕。
cháng chàng gēzi de shì chán bú shì cán.

二. 듣기 다지기 코너

녹음의 내용과 주어진 그림이 일치하면 'O', 일치하지 않으면 'X'를 표시하시오.

(1) (　　)

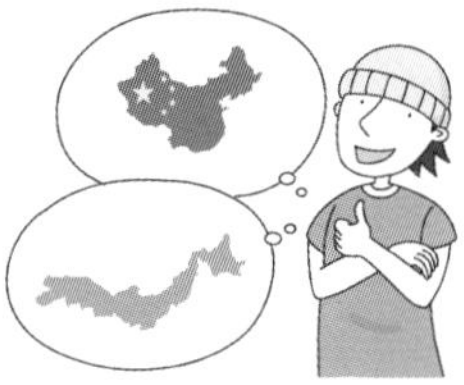

(2) (　　)

(3) (　　)

(4) (　　)

(5) (　　)

(6) (　　)

(7) (　　)

(8) (　　)

(9) (　　)

(10) (　　)

三. 단어 다지기 코너

중국어	한어병음	한국어 뜻
	ànliàn	남모르게 사모하다, 몰래 사랑하다
	xiāosǎ	자연스럽고 세련되다, 스마트하다
	yōumò	익살맞다, 유머러스하다
打扮		치장하다
秘密		비밀
怪		원망하다, 탓하다
善良	shànliáng	
单相思	dānxiāngsī	
理	lǐ	

四. 한자 다지기 코너

1 아래 간체자를 따라 쓰시오.

秘 mì	秘	秘				
密 mì	密	密				
既 jì	既	既				
潇 xiāo	潇	潇				
洒 sǎ	洒	洒				

⑪ 他连理都不理你。 Tā lián lǐ dōu bù lǐ nǐ.

幽 yōu	幽	幽				
默 mò	默	默				
即 jí	即	即				
恋 liàn	恋	恋				

2 중국어 문장을 따라 쓰시오.

他既善良又潇洒。

即使他知道了，也不会理我的。

他连理都不理你。

我一想到他，就感到很高兴。